volando en las alturas

HERNANDES DIAS LOPES

volando en las alturas

10 principios para una vida exitosa

© 2015 Hernandes Dias Lopes

1ª edición (portugués): noviembre de 2015
1ª edición (español): mayo de 2021

TRADUCCIÓN
Maria Alejandra M. Pizani

REVISIÓN
Claudia Sarmiento
José Gabriel Rincón Cedeño

MAQUETACIÓN
Catia Soderi

PORTADA
Maquinaria Studio (designer)
Editorial Hagnos (adaptación)

EDITOR
Aldo Menezes

COORDINADOR DE PRODUCCIÓN
Mauro Terrengui

Las opiniones, las interpretaciones y los conceptos expresados en esta publicación son responsabilidad del autor y no reflejan necesariamente el ponto de vista de Hagnos.

Todos los derechos de esta edición reservados para:
EDITORA HAGNOS LTDA.
Av. Jacinto Júlio, 27
04815-160 — São Paulo, SP
Tel.: (11) 5668-5668

Correo electrónico: hagnos@hagnos.com.br
Página web: www.hagnos.com.br

Editora asociada a:

Datos Internacionales de Catalogación en la Publicación (CIP)
Angelica Ilacqua CRB-8/7057

Lopes, Hernandes Dias

Volando en las alturas: 10 principios para una vida exitosa / Hernandes Dias Lopes. — São Paulo: Hagnos, 2021.

ISBN 978-65-86048-87-2

1. Autoestima - Aspectos religiosos 2. Fe 3. Autoconfianza 4. Vida cristiana I. Título

21-1373   CDD-248-4

Índices para catálogo sistemático:
1. Fe - Vida cristiana

Dedicatoria

Cuando Abner, general del ejército de Saúl, murió, David dijo de él: [...] ¿No sabéis que ha caído hoy en Israel un príncipe, y grande?" (2Samuel 3:38). El día 30 de enero de 1996, cayó en el campo de batalla uno de los guerreros más ilustres de Cristo en tierras brasileñas. Este es el rey. R. Oton Guanais Dourado, insigne pastor Presbiteriano, maestro ilustrado muchos años en el Seminario Presbiteriano del Norte, en Recife, Pernambuco, teólogo de la cepa más refinada y luchador inflamado por una iglesia evangélica más santa, atrevida y llena del Espíritu Santo. Este gigante del protestantismo brasileño poseía una mente brillante, una inteligencia rara y un conocimiento inusual. Era un hombre con la cabeza llena de luz y un corazón lleno de fuego. Su vida me impactó mucho. Vivió como siervo y murió como príncipe. A este hombre valioso que, como Abner, todavía habla, aunque muerto, le dedico este libro.

¡Que toda gloria sea dada al Señor Jesús, razón de nuestra esperanza!

Índice

Prólogo 9

Introducción 11

Capítulo 1: Príncipes, y no langostas 15

Capítulo 2: Viviendo en las alturas 29

Capítulo 3: Integridad no negociable 37

Capítulo 4: Dependencia del Espíritu 47

Capítulo 5: Visión completa 53

Capítulo 6: Discernimiento total 63

Capítulo 7: Libertad si, cautiverio no 73

Capítulo 8: Fidelidad, la base de un matrimonio feliz 81

Capítulo 9: Ruptura y renovación 93

Capítulo 10: Mis hijos, mis discípulos 105

Conclusión 123

Prólogo

Hay escritos que son consecuencia de pensamientos al margen de la vida. Las páginas que siguen, sin embargo, lo confrontarán con sus propias ansiedades y expectativas, desafiándolo a volar alto, a tener una visión del Reino y a reflexionar sobre su existencia como un santo de Dios que necesita el toque diario de la misericordia del Señor.

En nuestra vida, el Señor nos llega, algunas veces, a sorprender en aquello que somos o tenemos. A veces, él nos choca con nuestra propia historia, promueve el cambio, altera la visión, propone una nueva vida. Leyendo este libro, sentí el deseo de Dios de desafiar a su pueblo a esta nueva vida, aceptando las propuestas desde arriba, galopando las altitudes de la vida cristiana y, sobre todo, volando en las alturas.

He visto la expresión del amor de Dios en distintas formas y lugares diferentes. Pero en Brasil, Perú o entre los africanos, hay algo que me llama la atención: la manera directa e impactante que el Espíritu Santo utiliza para impactar nuestro corazón con las verdades del cielo. En estas páginas veremos a muchos de ellas expuestas, y mi oración es que el Espíritu de Dios llegue a su vida con estas verdades.

Conozco de cerca al reverendo Hernandes Dias Lopes desde 1989, y he visto a este hombre como un profeta del Señor que, en nuestros días, ha sido poderosamente utilizado por Dios para marcar, en la vida de la iglesia evangélica brasileña, los valores del Reino.

Este es un libro que debe leerse con profunda meditación, porque el Señor quiere que nos volvamos como águilas, volando en las alturas.

Rev. Ronaldo Lidório

Pastor presbiteriano y misionero adscrito a la Agência Presbiteriana de Missões Transculturais (APMT) y WEC Internacional.

Introducción

En 1995, predicó en la Primera Iglesia Presbiteriana de Vitória, cuya comunidad ha estado pastando durante once años, el Reverendo Luiz Wesley, secretario ejecutivo de la Asociación Evangélica Brasileña. Fue un mensaje sencillo, objetivo y muy inspirador. Esa mañana, su sermón versó sobre el águila. Ya había predicado en la iglesia sobre el mismo tema, pero nunca me había detenido con calma para examinar con más cuidado las implicaciones de este tema en la vida práctica de la familia y la iglesia. Así que, a partir de ese día, estas verdades comenzaron a agitar mi mente y a quemar en mi corazón. Me dediqué, entonces, a los diversos textos bíblicos que hablan del águila. Busqué otras fuentes. Investigué, leí, oré, medité, y luego empecé a predicar al respecto. Me di cuenta de que, mientras exponía y hablaba sobre la materia, las personas quedaban asombradas con las lecciones que aprendemos con el águila, cuyos principios divinos nos llevan a una vida victoriosa. Noté que el águila tiene mucho que enseñarnos. Ella es maestra de Dios. Su vida, su fuerza, su disciplina y su cuidado por sus crías son principios rectores para una vida exitosa.

Hoy en día hay muchas personas que buscan el éxito. Las bibliotecas están llenas de literatura empapada de leyes y reglas que apuntan a llevar al hombre al éxito. Los hombres emplean una multitud de métodos y estrategias para sacar a las personas de la mediocridad y llevarlas al podio de la coronación. La humanidad está ansiosa por todo lo que pueda ofrecer esperanza. En este mundo marcado por la guerra, la violencia y el colapso de la virtud, cada mensaje tiene como objetivo levantar la cabeza de la gente, ofreciéndoles felicidad y los laureles de la victoria, es recibido con fuertes y efusivos aplausos.

Es una pena que muchos principios que proponen llevar al hombre al éxito, no sean más que lazos que lo esclavicen aún más a la miseria. Hay un camino que para el hombre parece correcto, pero el final cae en caminos de la muerte. Hoy está de moda que el hombre piense que es una miniatura de Dios y que todas las leyes del éxito están latentes en el hombre mismo. Solo hazle cosquillas en el interior y despiértalo como un gigante. El hombre moderno, de hecho, es un prodigio. Conquistó en el campo de la ciencia y la tecnología victorias estupendas. Sin embargo, sigue siendo, paradójicamente, un ser caído, débil y enfermo en el sentido moral, espiritualmente muerto, muy necesitado y dependiente de la misericordia de Dios. El hombre sin Dios es un arruinado, desfigurado, embrutecido. Los principios del éxito genuino no están ocultos en el tesoro del corazón humano. Por el contrario, este corazón corrupto y engañoso es la fuente de toda la desgracia que degrada y destruye a la raza humana.

Creemos que los principios para el verdadero éxito provienen del cielo, emanados del trono de Dios, brotan de su Palabra. No se trata de confesión positiva, pensamiento positivo, meditación trascendental. El éxito auténtico no tiene su génesis en el hombre mismo. El secreto de la victoria, las leyes del éxito, las pautas para una vida sabia y feliz se encuentran en la Palabra de Dios. El hombre que se detiene en estos principios y los cumple tiene éxito (Josué 1:8).

Los invito a caminar conmigo a través de las páginas de las Escrituras, mirando los diez principios de Dios que los conducirán a una vida radicalmente diferente.

Dios no te creó para arrastrarte a través de la vida. Levanta la cabeza. Pon tus ojos en las alturas. Pon tu corazón en Dios. Mira al águila. A partir de este momento aprenderemos de ella. Ella será nuestra pedagoga. Esta aventura valdrá la pena. No olviden ninguna de las lecciones, y entonces seguramente también volarán alto, hacia las grandes victorias, en la fuerza de Dios y a la gloria del Padre.

Capítulo 1

Príncipes, y no langostas

En todo el mundo, el águila es un símbolo de nobleza. Por su fuerza, alteza y vigor, emerge como la campeona indiscutible del símbolo de grandeza. El águila es fuerte, viva, valiente, ganadora, símbolo de los que esperan en el Señor.

El pueblo de Dios es como el águila. Es un pueblo fuerte. Es un pueblo guerrero. Es un pueblo que triunfa sobre las tempestades. Es un pueblo vencedor. Es un pueblo que no retrocede ante luchas tormentosas, no teme al peligro, ni se intimida con las amenazas del adversario. Son un pueblo que camina con la cabeza en alto, según las leyes de los cielos, superando barreras, rompiendo grilletes, conquistando las alturas, refugiándose en el regazo de Dios Todopoderoso.

Sin embargo, es preocupante darse cuenta de que hoy hay muchos cristianos que viven un proyecto de vida diferente. A diferencia de las águilas, son tímidos, débiles, impotentes, dominadas por el miedo. Lejos de triunfar en las crisis, se caen derrotados y caminan por la vida abatidos, derrotados y tristes.

Es lamentable ver cómo muchos cristianos viven dominados por un complejo de inferioridad, aplastados por una autoestima dañada, con una mala imagen de sí mismos. Son personas que viven amargadas y disfrutan de un profundo sentimiento de autocompasión y desvalorización. Miran dentro de sí mismos y se ven con lentes borrosas y ojos miopes, teniendo los conceptos más distorsionados y borrosos de sí mismos.

Hay gente que es como los diez espías de Israel. Eran príncipes, nobles hombres de valor. Fueron elegidos juiciosamente porque eran hombres fuertes e inteligentes, líderes, representantes ilustres de sus tribus. Moisés los envió a conocer la tierra prometida y luego, con relatos vivientes, a alentar al pueblo a luchar con gallardía por su conquista. Entonces se fueron. Cuarenta días pasaron allí. Fueron deslumbrados por la exuberancia de la tierra. Era una tierra fértil, buena, que manaba leche y miel. Era todo lo que Dios había dicho. Volvieron de su viaje con los excelentes frutos de la tierra. Sin embargo, cuando llegó el momento de dar su informe, le dijeron a Moisés y al pueblo que la tierra era buena, pero que devoraba a sus habitantes; que de la tierra fluía leche y miel, pero que no podrían entrar en ella; al contrario, morirían en el desierto, comiendo polvo, pues allí había gigantes, amenazantes e imbatibles, y que a sus ojos los humanos eran como saltamontes. Eran príncipes, pero se sentían menospreciados ante los gigantes; eran nobles, pero se sentían despreciables; eran valientes, pero se sentían como insectos; les embargaba un sentimiento enfermizo de autoestima y en consecuencia, de impotencia.

Hoy en día hay un batallón de personas derrotadas por el síndrome de la langosta; personas que se consideran un insecto. Estas personas caminan por la vida abatidas, derrotadas, desanimadas, sin ganas de luchar. No creen en las promesas de Dios. Sólo se fijan en las dificultades, en los gigantes, y no en Jesús. Siempre están lloriqueando, cantando la triste y amarga canción de sus derrotas por adelantado. Piensan que nada saldrá bien en la vida, que es inútil luchar y que están comprometidos en una causa perdida y sin esperanza. Hay muchos que han sido vencidos no por el gigante de las circunstancias, sino por el gigante de sus turbulentos sentimientos. Estos andan por la vida cantando como la gallina de Guinea: "Soy débil, soy débil, soy débil". Dicen que nada saldrá bien, que no tendrán éxito, que es inútil luchar, porque hay gigantes en el camino

Esos diez espías consiguieron contaminar todo el campamento de Israel con su pesimismo, y la multitud se rebeló contra Moisés, rebelándose contra Dios, porque estaban envenenados por el síndrome de la langosta. Toda esa multitud vagó cuarenta años por el desierto, porque escucharon la voz de los heraldos del caos, y no las promesas de Dios.

Veamos en el libro de los Números, capítulos 13 y 14, lo que produce este síndrome de la langosta:

1. Síntomas del síndrome de la langosta

1º — *Sensación de debilidad.* "No podremos subir" (Números 13:31). Estos hombres anularon la palabra de Dios, dudaron de su poder y sólo vieron los obstáculos. Desviaron los ojos de Dios y sólo vieron las circunstancias adversas. Se hundieron como Pedro en el mar de Galilea.

2º — *Complejo de inferioridad.* "[...] porque es más fuerte que nosotros" (Números 13:31). De hecho, las ciudades que iban a conquistar eran grandes, pero

Dios es más grande. Los muros eran altos, pero Dios es altísimo y magnífico. Los gigantes eran fuertes, pero Dios es el Todopoderoso.

3º — *Heraldos del Caos.* "[...] y vituperaron entre los hijos de Israel la tierra que habían reconocido" (Números 13:32). Cuando las personas se infectan con el virus maldito del pesimismo, difaman a Dios y desprecian sus bendiciones. Se burlan de las promesas divinas y se convierten en gritos de desánimo.

4º — *Baja autoestima.* "[...] y éramos nosotros, a nuestro parecer, como langostas" (Números 13:33). Eran príncipes, pero se encogieron. Se sentían como insectos, bajo las botas de los gigantes. De príncipes a langostas; de hijos del rey a insectos.

5º — *Visión distorsionada de la realidad.* "[...] y así les parecíamos a ellos"(Números 13:33). Los espías pensaron así: ellos son gigantes y nosotros somos pigmeos; son fuertes y nosotros débiles; son muchos y nosotros pocos; ellos viven en ciudades fortificadas y nosotros en el desierto; son guerreros y nosotros peregrinos. Vieron las cosas al revés. Entonces se arrastraron por el polvo, se sintieron indignos, menos que príncipes, menos que hombres, menos que personas, langostas, insectos.

2. Los efectos del síndrome de las langostas

1º — *Induce a la gente a la desesperación.* "[...] y el pueblo lloró aquella noche" (Números 14:1). Toda la congregación lloró. Sólo vieron sus imposibilidades, no las posibilidades de Dios. Estaban asombrados, estupefactos, devastados. No vieron una salida. No vieron una luz al final del túnel. Para ellos, no había solución. Así que se entregaron al grito de desesperación y derrota.

2º — *Induce a la gente a murmurar.* "Y todos los israelitas murmuraron [...]" (Números 14:2). En la hora de las dificultades, en lugar de que el pueblo buscase a Dios como libertador, lo vieron como opresor. Acusaron a Dios. Murmurando en su contra.

3º — *Induce a la gente a la ingratitud.* "*¡Ojalá muriéramos en la tierra de Egipto!* [...]" (Números 14:2). La gente, emocionada, olvidó la bondad de Dios, el libramiento de Dios, las victorias de Dios.

4º — *Induce a la insolencia contra Dios.* "*¿Y por qué nos trae Jehová a esta tierra para caer a cuchillo?* [...]" (Números 14:3). Contaminados por el síndrome de las langostas, la gente acusó a Dios. Difamaron al Señor. Insultaron al Dios Todopoderoso con palabras crueles. Dijeron con insolencia que Dios era la causa de su desgracia y el responsable de la crisis que estaban viviendo.

5º — *Induce a la apostasía.* "[...] ¿No sería mejor volvernos a Egipto?"(Números 14:3). No hay nada que entristezca más el corazón de Dios que ver a su pueblo arrepentirse de arrepentirse. Nada duele más al corazón de Dios que ver a su pueblo despreciar su gracia y querer devolverse, añorando Egipto. Aquellos se apartaron de Dios, de su dirección, su compañía y su sustento. Olvidaron los beneficios y azotes de los verdugos.

6º — *Induce a los disturbios.* "[...] Hagamos un capitán"(Números 14:4). La gente, inflada por los espías, ahora quería que otros líderes los guiaran de regreso a Egipto. Se rebelaron contra Dios y rechazaron el mandato de Moisés. Hubo una insurrección, un motín, una conspiración con trágicas consecuencias en el campo del pueblo de Dios.

7º — *Induce a la rebeldía contra Dios.* "Por tanto, no seáis rebeldes contra Jehová [...]" (Números 14:9). Amar a Egipto más que al Dios de la promesa, es rebelión. No creer en la Palabra de Dios y ser intimidado ante los gigantes de este mundo es rebelión. No caminar por la fe es rebelión.

8º — *Induce al miedo del enemigo.* "[...] y no temas a la gente de esa tierra [...]" (Números 14:9). El miedo ve fantasmas. Los discípulos, en el mar de Galilea, porque tenían miedo, vieron a Jesús caminando sobre las olas y gritaron: ¡es un fantasma! El miedo altera las situaciones. Josué y Caleb, los dos espías que se atrevieron a creer las promesas de Dios, vieron a los gigantes no como enemigos imbatibles, sino como pan que sería aplastado. Los diez espías se sintieron disminuidos y se vieron a sí mismos como langostas. Josué y Caleb se veían a sí mismos como un pueblo imbatible.

9º — *Induce la persecución contra el liderazgo instituido por Dios.* "[...] Entonces toda la multitud habló de apedrearlos [...]" (Números 14:10). En lugar de obedecer la voz de Dios, el pueblo rebelde decidió apedrear a los líderes que Dios había escogido. No querían cambiar sus vidas, así que querían derrocar sus líderes.

3. ¿Qué hacer al ver que las personas están afectadas por el síndrome de las langostas?

1º — *Estar quebrantado ante Dios.* "Entonces Moisés y Aarón cayeron sobre sus rostros delante de toda la multitud [...] y Josué [...] y Caleb [...] rompieron sus vestidos" (Números 14:5,6). En el momento de la crisis aguda, no vale la pena discutir, luchar, pelear, jugar uno contra el otro o difundir rumores. Hay que ser resiliente, humilde, y controlar la boca.

2º — *Para ser firmes en las promesas seguras de la Palabra de Dios*. "La tierra por donde pasamos para reconocerla, es tierra en gran manera buena" (Números 14:7). No debemos dejarnos llevar por los comentarios, las críticas y la epidemia de desánimo. Por el contrario, debemos anclarnos en la Palabra de Dios y colocar en ella toda nuestra confianza.

3º — *Conociendo las estrategias de Dios para la victoria*. a) "Si Jehová se agradare de nosotros" (Números 14:8). Cuando a Dios es agradado por su pueblo, se vuelve imbatible. b) "[...] y con nosotros está Jehová: no los temáis" (Números 14:9). Nuestra victoria no viene de nuestra fuerza, sino de la presencia de Dios con nosotros. c) "Por tanto, no seáis rebeldes contra Jehová [...]" (Números 14:9). No hay victoria en el campo del pueblo de Dios mientras haya en él la hierba mala de la rebelión.

4. ¿Cómo aborda Dios el tema del síndrome de las langostas entre su pueblo?

1º — *Dios da libramiento a aquellos que creen en su Palabra* (Números 14:10).

2º — *Dios muestra cansancio con la incredulidad del pueblo frente a tantos signos de su favor y su bondad* (Números 14:11).

3º — *Dios perdona al pueblo en respuesta a la oración* (Números 14:20).

4º — *Dios no quita las consecuencias del pecado* (Números 14:21-23). Vieron la gloria y las maravillas de Dios. Pero, aun así, ponen a prueba a Dios diez veces (Números 14:22). No obedecieron la voz de Dios (Números 14:22) y acabaron despreciándolo (Números 14:23). Así que Dios cambió el curso de su viaje (Números 14:25). Tuvieron que deambular por el desierto durante un año, por un día que espiaron la tierra prometida (Números 14:34). No entrarían en la tierra de Canaán (Números 14:29-31). La sentencia de Dios contra ellos fue que no tenían lo que despreciaban: no tendrían la tierra prometida (Números 14:31). Tendrían lo que querían: morir en el desierto (Números 14:31).

5º — *Dios premia a aquellos que creen en su Palabra* (Números 14:24,25). Josué y Caleb entraron en la tierra prometida. Confiaron en Dios, y Dios los honró.

La tierra prometida, no el desierto, es donde debemos vivir. Somos príncipes, no langostas. Es hora de ignorar las voces ominosas del pesimismo y levantarse con santa osadía por una vida victoriosa.

Una vez, una mujer, miembro de una iglesia evangélica, llorando convulsivamente entró en mi oficina pastoral. Después de un tiempo, ella se recompuso y me dijo:

— Pastor, pensé que no tendría las agallas para abrir mi corazón en este primer encuentro de orientación Pero mientras me preparaba para venir, mi vecina saltó del balcón de su apartamento y se estrelló en el asfalto, quedando con el cuerpo destruido. — Con la voz sofocada y los ojos brillando, me dijo:

—Pastor, era yo la que iba a hacer eso hoy. Ya no quiero vivir más.

Le pregunté:

— ¿Por qué no quieres vivir más?

Ella me respondió:

— Es que soy un problema. No merezco vivir. Ya no puedo vivir más.

— ¿Pero por qué crees eso?

Ella se desahogó:

— Mi padre siempre me decía que yo era un problema. Cuando crecí, me casé para salir de la casa. Luego vi a mi padre en la imagen de mi marido. También me dijo que yo era un problema. Me divorcié y me casé por segunda vez. Mi segundo marido tampoco fue diferente de mi padre. Así que me divorcié y me casé por tercera vez. Ahora me doy cuenta de que mi tercer marido me dice las mismas cosas que mi padre me dijo.

— Con los ojos perdidos y el alma inundada en un mar de desesperanza, esa pobre mujer confesó: — Pastor, soy un problema. Quiero morir.

Sentí compasión por esa mujer y le dije tres cosas que son los principios de Dios para erradicar del corazón enfermo la terrible semilla de síndrome de la langosta:

a) **No eres lo que crees que eres.** Hay personas enfermas, contaminadas por el virus del pesimismo, derrotadas por la fiebre de la autoestima débil, aplastadas bajo el cruel tacón del complejo de inferioridad, personas con síndrome de langosta. Hay cristianos, hijos del Dios más alto, que viven el miedo a la vida, caminan doblados, marchitos, porque no saben quiénes son y qué tienen en Cristo Jesús. Al ver tantos gigantes y problemas frente a ellos, se sienten como insectos, cuando en verdad son príncipes.

b) **No eres lo que la gente dice que eres.** Tal vez lo has metido en tu mente, empujado a tu corazón, una palabra de maldición derramada sobre tu vida. Tal vez hayas guardado y capturado en tu caja fuerte de la memoria una palabra de fracaso que tu padre, tu madre, tu marido, tu maestro, tu jefe te dijo, y a partir de ahí comenzaste a cultivar una sensación de pérdida y fracaso, siendo un producto de lo que la gente te ha dicho. Por favor, no aceptes el decreto de vergüenza en tu vida. La maldición sin causa no se cumple. Reacciona, haz lo que hizo la madre de Thomas Alva Edison cuando su maestra dijo que él no podía aprender. Esa madre no aceptó pasivamente el decreto de derrota en la vida de su hijo, invirtió en él, y llegó a ser uno de los científicos más grandes e ilustrados de todos los tiempos.

c) Eres lo que Dios dice que eres. El que espera en Dios, que cree en su Hijo y que ha sido regenerado por el Espíritu Santo no es lo que esa persona piensa que es, ni lo que la gente dice que es, sino lo que Dios dice. Hemos sido elegidos y amados por Dios desde tiempos eternos. Somos llamados con santa vocación. Somos regenerados, sellados y habitados por el Espíritu Santo. Somos redimidos y comprados por la sangre del Cordero. Somos propiedad exclusiva de Dios. Somos la morada de Dios. Somos los hijos del rey. Somos herederos de Dios, herencia de Dios, embajadores de Dios, el orgullo de Dios. Somos el cuerpo de Cristo, ramas de la verdadera vid, novia del Cordero, pueblo más que vencedor.

Somos nobles. Corre a través de nuestras venas más que la sangre azul. Somos hijos del rey de reyes, herederos de sus promesas. Somos lo que Dios dice que somos. Él es fiel. Su Palabra es la verdad. No puede fallar. Somos como el águila. Somos príncipes, no langostas.

Capítulo 2

Viviendo en las alturas

"El rastro del águila en el aire [...]" (Proverbios 30:19). El águila no fue creada para vivir arrastrándose por los valles de la vida y las depresiones de la tierra. Dios la creó para las alturas. Partiendo de este hecho, destaco tres lecciones de gran importancia para tu reflexión:

1. El águila vuela alto

El águila tiene vocación por las alturas. Es la reina del espacio, la campeona de los altos vuelos. Ella recorre las alturas con sus poderosas alas y vuela con seguridad y sobre el pico de las colinas más altas. Ella no es como el pato, que vive recibiendo disparos en el ala, presa fácil de los cazadores, porque sólo vuela bajo.

Hay muchas personas que también viven en un plano muy inferior, volando demasiado bajo, sufriendo ataques de todos los lados porque no salen de las zonas de peligro, viven pisando terrenos minados, con los pies en el territorio del adversario. Por eso, están constantemente heridas, golpeadas, porque no vuelan más alto.

Hay creyentes que viven agarrados al mundo. Están en la iglesia, pero no se han liberado del mundo. Son creyentes que se conforman con el siglo actual. Se adaptan a los esquemas y valores del mundo, siguen el curso del mundo y son amigos del mundo. Son personas con un corazón dividido que quieren servir a Dios pero no están dispuestas a abandonar el mundo. Aman los placeres del mundo, viven para atenerse a las órdenes de la carne y satisfacer sus deseos inmediatos.

¡Qué triste es darse cuenta de que muchos creyentes han sido seducidos por las efímeras atracciones y placeres del mundo! Como Esaú, venden su primogenitura por un plato de lentejas. Cambian la paz de una conciencia pura por un momento de placer. Cambian el gozo de la salvación por un minuto de pecado.

Hay creyentes, hoy, que están en amargura de espíritu, enjaulados como un pájaro, con reproche y vergüenza, porque jugaron con la gracia de Dios, fueron profanos y se burlaron del pecado. La Biblia dice que aquellos que se burlan del pecado están locos (Proverbios 14:9).

Sansón fue un hombre consagrado a Dios. Era nazareo. Como tal, no podía tocar un cadáver, beber vino o cortarse el pelo (Números 6:1-5). Estos fueron sus votos de consagración al Señor. Sansón creció en un hogar piadoso. Sus padres caminaron con Dios. Era un joven fuerte y poderoso, a menudo poseído y usado por el Espíritu Santo. Pero Sansón no perseveró en la santidad. Jugó con el pecado. No tomó a Dios en serio. Ignoró sus votos de consagración. Por eso se distrajo de sus compromisos, permitiendo el pecado, anestesió su conciencia, caminó hacia el abismo, descendió a lugares bajos y oscuros, ahogando su alma en el lodo hediondo de la desobediencia. Sansón rompió su primer voto de consagración al buscar miel en el cráneo de un león muerto (Jueces 14:8,9). Hoy en día hay muchos creyentes que también buscan la dulzura y el placer en el pecado. Sansón rompió su segundo voto de consagración al ofrecer un banquete de siete días, regado con vino, para seguir la moda de la juventud de su tiempo (Jueces 14:10). Sansón cayó cuando quiso seguir la moda. Sansón no tuvo el valor de ser diferente. Cedió a la presión del grupo. Se dejó manipular completamente. En lugar de influenciar, fue influenciado. El pueblo de Dios debe tener fibra. El cristianismo no es para gente cobarde (Apocalipsis 21:8). No vivimos para agradar a los hombres (Gálatas 1:10). Hay muchos padres cristianos que, cuando celebran el cumpleaños número 15 o el aniversario de bodas de sus hijas, riegan la fiesta con cerveza y whisky, porque tienen miedo de romper la etiqueta social. No tienen la mente de Cristo. No viven según las leyes del cielo, sino según las imposiciones del mundo.

Sansón rompió su tercer voto de consagración, después de profanar su honor, al acostarse en el regazo de una mujer malvada y traidora. Sansón era un gigante. Su fuerza era enorme, colosal, hercúlea. Solo, le ganó a muchos ejércitos. Nadie pudo someterlo. El era invencible. Pero el pecado lo derribó. Estaba atrapado por los mismos hilos de su pecado. Quedó cautivo de sus pasiones. Dominaba ejércitos, pero no podía dominar su propio corazón. Hallando una quijada de asno, mató con ella a mil hombres. (Jueces 15:15), pero fue superado por sus pasiones sexuales. Le cortaron el pelo y se rompió el voto. El Espíritu de Dios se retiró de él (Jueces 16:19,20). Luego se convirtió en un hombre ordinario, débil, impotente. Los enemigos lo sometieron y le quitaron sus ojos. Su nombre significa Sol, pero quedó en una profunda oscuridad. Fue vencido porque, en lugar de volar en alturas como el águila, estaba hurgando entre basura y escombros, como un cuervo, con los pies en el barro.

Dios nos llamó para volar como el águila. El apóstol Pablo dice: "Si habéis pues resucitado con Cristo, buscad las cosas de arriba, donde está Cristo sentado a la diestra de Dios. Poned la mira en las cosas de arriba, no en las de la tierra"(Colosenses 3:1,2).

2. El águila vuela cada vez más alto

El águila tiene una característica muy interesante. Cuando hace su segundo vuelo, es más alto que el primero. Cuando hace su tercer vuelo, este es más alto que el segundo. Él siempre se esfuerza por volar cada vez más alto. Con esto, ella tiene una lección muy profunda para enseñarnos. Si los que confían en el Señor son como el águila, entonces no necesitamos tener una vida de altibajos. Hay muchos creyentes que son demasiado inestables. La fe de ellos oscila como la ola del mar. No se comprometen. No crecen. No maduran. Son reincidentes en las caídas. Son creyentes volubles, a veces entusiastas y llenos de vigor, y a veces con un desánimo enfermizo. Son creyentes como Pedro antes de

Pentecostés: hacen declaraciones hermosas y profundas sobre la mesianidad de Jesús, pero se dejan utilizar por el diablo (Mateo 16:15). Por un momento son atrevidos, pero luego se acobardan. Hay momentos que juran lealtad a Jesús; poco después lo niegan vergonzosamente.

Dios no nos llamó a vivir un proyecto de derrota y fracaso. Con Cristo, la vida siempre es de triunfo (2Corintios 2:14). Con él somos más que ganadores (Romanos 8:37). Nuestra dinámica no es dar cinco pasos adelante y cuatro pasos hacia atrás, sino caminar de fuerza en fuerza, siempre hacia adelante, hasta el objetivo, que es Jesucristo.

3. El Águila vuela por encima de la tormenta

El águila todavía nos enseña una tercera lección: cada vez que ve una tormenta que se avecina en el horizonte, cada vez que se ven nubes oscuras y relámpagos que surcan el cielo, cada vez que se oye el trueno, ella hace que sus esfuerzos sean aún mayores, sobrepasando la tormenta, donde vuela en perfecta calma.

También hay muchas tormentas en nuestro viaje. Muchas son amenazantes y peligrosas. Es una tontería vivir bajo la tempestad y sufrir los efectos catastróficos de la tormenta, si podemos volar y disfrutar de momentos de refugio y calma en los brazos del Dios viviente.

El secreto en el momento de la crisis es volar un poco más alto y protegernos bajo las alas del Dios omnipotente. Es nuestra torre de liberación. Es nuestro gran refugio. Es nuestra casa segura. Es nuestra ciudad refugio. Es nuestro refugio en la tormenta.

Muchos creyentes, sin embargo, en lugar de huir de la tormenta, causan más tormenta. Son como Jonás, provocadores de vendavales. Cada vez que el creyente deja de obedecer a Dios, en lugar de bendecir, se convierte en una maldición; en lugar de ayudar a las personas que le rodean, es una molestia; en lugar de ser alguien que tranquiliza, es un provocador de tragedias. Todo creyente que anda huyendo de Dios es una amenaza, ya que no sólo vive bajo la tormenta, sino que su vida es la causa misma de la tormenta.

La actitud correcta no es hacer lo mismo que el avestruz, que, cuando ve el peligro, esconde la cabeza en la arena, creyendo que con esto que el problema se elimina. En la tormenta, no tiene sentido huir o esconderse. El secreto es volar alto y refugiarse en los brazos del Señor.

Capítulo 3

Integridad no negociable

Necesitamos sabiduría para aprender algunas lecciones de los animales: las hormigas nos enseña previsión; las abejas, la técnica de la organización; las ovejas, la necesidad de dependencia del pastor; los gorriones, confianza en la providencia divina.

Hay cosas hermosas y profundas en el reino animal. Una de ellas es la forma de vuelo de los gansos. En el otoño, cuando se ven bandadas de gansos volando hacia el sur, formando una gran "V" en el cielo, uno se pregunta ¿qué ha descubierto la ciencia sobre por qué vuelan de esa manera?. Se sabe que cuando cada ave bate sus alas, mueve el aire hacia arriba, ayudando a sostener al ave inmediatamente detrás. Al volar en forma de "V", la bandada se beneficia de al menos un 71% más de potencia de vuelo que un pájaro que vuela solo. Asimismo, las personas que comparten la misma dirección y sentido de comunidad pueden lograr sus objetivos de manera más rápida y sencilla cuando viajan, beneficiándose de un impulso mutuo. Siempre que un ganso abandona la bandada, de repente siente la resistencia y la consecuente necesidad de un esfuerzo adicional para seguir volando solo. Rápidamente vuelve a entrar en formación para aprovechar el desplazamiento de aire, provocado por el pájaro que vuela frente a él. Si tenemos la misma postura que los gansos, nos mantendremos en formación con los que nos señalen el camino por donde también queremos ir. Cuando el ganso líder se cansa, cambia de posición dentro de la formación y otro ganso toma la delantera. Vale la pena turnarse en las tareas difíciles, y esto es tanto para las personas como para los gansos que vuelan hacia el sur. Los gansos de atrás gritan animando a los de delante a mantener la velocidad. ¿Qué mensaje pasamos cuando gritamos desde atrás? Finalmente, cuando un ganso se enferma o recibe un disparo y cae, dos gansos salen de formación y lo acompañan para ayudarlo y protegerlo. Se quedan con él hasta que pueda volar de nuevo o hasta que muera. Sólo entonces emprenden el vuelo, solos o en otra formación para llegar a su destino. Si tuviéramos la postura de los gansos, también estaríamos uno al lado del otro.

Dejemos el ganso ahora y volvamos al águila. También tiene algo profundo que enseñarnos a través de su vuelo.

1. Transparencia

El águila tiene una fantástica habilidad para volar recto como una flecha, como un proyectil. Su vuelo no es ni en círculo ni serpenteado.

¿Qué lección nos trae eso? Los que esperan en el Señor también quieren volar en línea recta, es decir, necesitan ser transparentes y sanos. La vida de un cristiano no puede tener sinuosidades. No puede haber nada oculto y secreto. El cristiano es el hijo de la luz y debe vivir en la luz, sin máscara, sin disfraces. Nuestra palabra debe ser sí, sí; no, no. Nuestras vidas deben ser coherentes. Debe haber un ajuste perfecto entre lo que decimos y nuestras acciones. No podemos decir una cosa y hacer otra.

Es triste ver cuánta gente hoy vive con máscaras. Hay máscaras de todo tipo, de todas las formas. Las máscaras son la mercancía más vendida en el mercado religioso. Son parte de la ropa de la mayoría de los cristianos. Muchos de nosotros, como Moisés, tratamos de encubrir nuestra gloria desvanecida con el velo de la superespiritualidad. Pasamos a los demás una imagen perfecta en el escenario de la vida, cuando las cosas detrás de las escenas no están nada bien. Muchos hoy en día están haciendo de la vida un teatro. Siempre están jugando un papel diferente de lo que realmente son. Otras veces, viven una doble vida, toman diferentes posturas, según sus conveniencias, son piadosas en la iglesia y agresivas en casa. Tratan a sus compañeros de trabajo con tranquilidad y cortesía, pero a su cónyuge e hijos, con dureza y brutalidad. Son caballeros y amables con el exterior, pero duros y groseros con los de casa. Son ángeles en la iglesia y demonios en casa. Son como Naamán: héroes por ahí, pero enfermos en casa. Cuando vuelven a casa y se quitan las máscaras, están llenos de lepra repugnante.

Tenía razón al participar en un Congreso de Vinde, en un seminario sobre la familia, en el que discutimos los problemas conyugales; leímos la nota anónima de una esposa angustiada: "Mi esposo reza una hora al día, pero después de levantarse de la oración se vuelve un animal".

Hay jóvenes que son dulces como la miel y suaves como el terciopelo cuando hablan con sus amigos. Son modelos de respeto y educación. Pero a menudo, estos mismos jóvenes, cuando llegan a casa, se transforman y tratan a sus padres con desamor, falta de respeto y se convierten en razones de dolor y lágrimas para la familia.

Dios espera una vida coherente de su pueblo. No hay mayor obstáculo para el progreso del reino de Dios que una persona que se dice cristiana y vivir de una manera desordenada. El subcristianismo es peor que el anticristianismo. Un creyente sin integridad es peor que un ateo.

No hubo pecado que despertara más ira en Jesús que la hipocresía de los fariseos. No eran coherentes. Dijeron que eran santos, pero sus hechos refutaron sus palabras. Sus actitudes fueron una negación de su teología. Siempre estaban haciendo incursiones en la vida de los demás para descubrir los más mínimos defectos, pero no vieron sus pecados evidentes. Eran intransigentes con los demás y complacientes consigo mismos. Les gustaban las reglas y las normas, eran legalistas e inspectores de la vida de otras personas, pero vivían un proyecto de vida fallido. Eran lindos por fuera, pero podridos por dentro. Eran tumbas encaladas.

La iglesia de Dios debe tener la integridad de José de Egipto, quien eligió ser encarcelado en lugar de pecar contra Dios. Debe tener la honestidad de Daniel, quien estaba en riesgo por su vida, pero no estaba contaminado por el mundo. Aunque fue investigado por sus enemigos, no encontraron nada sobre él, excepto que era un hombre íntegro y temeroso de Dios. Necesitamos tener la firmeza de Nehemías, que no cedió a la presión del enemigo y nunca bajó de su puesto al diálogo de seducción. El cristiano no puede comprometerse con el pecado. No puede estar conspirando con el error. No puede estar corrompido o corromper. No puede ser de una forma aquí y otra allá. Tu camino no puede ser sinuoso. Debes volar recto como el águila.

2. En círculos no; hacia adelante

El águila vuela recta porque tiene un objetivo definido. Sabe de dónde vino y a dónde va. No vive sin rumbo, sin referencia, sin cierto destino. Vuela hacia adelante. No está perdida existencialmente. No vive estancado como la pereza. No camina hacia atrás como el cangrejo. Revela en su desarrollo de vuelo, progreso, crecimiento.

Hay gente que, a diferencia del águila, es como el buitre. El vuelo del buitre no es recto, sino en círculo. No vuela a ninguna parte. Vuela sin avanzar, sin progresar. Hay personas que pasan toda su vida volando en un círculo, sin ningún crecimiento. A lo largo de tantos años van por ahí, alrededor de los mismos problemas, presa de los mismos pecados. No hay ningún avance. No hay evidencia de maduración. Esta gente vive la triste realidad del estancamiento. Viven en el drama de no salir del lugar. Son como Sansón, que, burlándose del pecado, cayó en manos del enemigo. Y ahora, ciego, comenzó a dar la vuelta, en un círculo, empujando un molino (Jueces 16:21).

Es doloroso ver cómo tantos creyentes, incluso después de tantos años en la iglesia, no muestran crecimiento. Son bebés espirituales, todavía están en los rudimentos de la fe, volando en un círculo, sin ningún progreso espiritual. Son creyentes viejos que aún no conocen la Palabra. Viven en el sueño del letargo. No oran, no estudian la Biblia, no ayunan, no evangelizan, no dan diezmos, no trabajan en el reino de Dios. Son creyentes parásitos. Son creyentes veteranos del banco de la iglesia, que aún no saben cómo llevar una vida a Jesús o no saben cómo dar la razón de su fe; son creyentes enanos, inmaduros.

Lo más grave es que, en un mundo cinético, quien se detiene, retrocede. Si no creces, atrofias. Si no trabajas, das trabajo. Los que no evangelizan necesitan ser evangelizados. Si no ayudas, estorbas. Si no te reúnes, esparces. Si no lo intentas, eres peso muerto. La rama que no da fruto es cortada y arrojada al fuego. Quien entierra su talento, es arrojado a la oscuridad, donde hay llanto y crujido de dientes (Mateo 25:30).

Volvamos al vuelo del buitre. Siempre que vuela en círculo vuela donde hay putrefacción, mal olor y todo lo que provoca náuseas y asco.

Así también, cuando el creyente no progresa en su madurez cristiana, no sólo se estanca, sino que comienza a detenerse en las regiones malolientes. Como no camina hacia adelante, siente una atracción morbosa y malsana por todo lo fétido y nauseabundo. Esta es una marca del creyente atrofiado e inmaduro: estar inmerso e involucrado con todo lo que apesta. Estas personas se dejan seducir por los problemas. Les gusta escuchar y difundir chismes. Aprecian las discusiones tontas e infructuosas. Les encanta descubrir la podredumbre en la vida de los demás. Para estas personas, cuanto peor, mejor. No saben cómo sobrevivir sin alimentarse de las desgracias ajenas. Se nutren del infortunio ajeno. Se regocijan por la ruina de otros. La muerte de los demás es su vida. Son como el buitre.

Que Dios nos salve de esta patología. Que Dios nos salve del estancamiento. Que se quiten el yugo del letargo. Es hora de que la iglesia se despierte, trabaje y crezca. Es hacia adelante que debemos caminar. Somos como el águila.

Capítulo 4

Dependencia del Espíritu

Los científicos han descubierto que el águila tiene alas enormes y gigantes, al menos en comparación al tamaño de su cuerpo. Sus alas son desproporcionales al tamaño de su cuerpo. ¿Porque será? ¿Es un error anatómico del creador? ¿Una deformidad? ¿Un detalle sin importancia? No. Todo lo que Dios hace tiene un propósito. Para Dios no existe el azar en ninguna de sus obras. Todo tiene una razón.

Los estudiosos descubrieron que el águila, debido a que realiza vuelos muy altos y largas distancias, no podría batir sus alas como un colibrí, porque se cansaba y no podría permanecer en el aire por largos períodos. Como es el rey del espacio, el campeón de las alturas, el héroe de los vuelos lejanos, debe tener alas grandes y hercúleas. Así, cuando el águila sube a grandes alturas, simplemente extiende sus fuertes alas y, deslizándose en el aire, deja que la fuerza del viento la lleve.

Eso nos trae una tremenda lección. Si queremos volar alto y alcanzar largas distancias, no podremos volar con nuestra propia fuerza, impulsados por nuestra propia destreza. No obtendremos grandes resultados sólo usando nuestro propio esfuerzo. Nos cansaremos y fatigaremos, y los frutos de nuestro trabajo serán escasos si nuestra fuerza motriz está arraigada en nosotros mismos. En la fuerza de la carne, quedaremos sofocados, haremos muchos ruidos, agitaremos nuestras alas con gran esfuerzo, pero no llegaremos a los amplios horizontes de una vida abundante.

Si queremos alcanzar las alturas de comunión con Dios y tener el progreso de un camino rápido hacia la voluntad de Dios, debemos volar en la fuerza del viento del Espíritu. Debemos ser guiados por el viento y volar en la dirección del viento.

No es por la fuerza o por el poder que avanzamos, sino por el Espíritu de Dios. La iglesia hoy en día tiene métodos modernos, estructura sólida, organización eficiente, material humano de calidad, recursos abundantes, recursos económicos, pero, realiza vuelos bajos y recorre distancias muy cortas. La iglesia necesita conocer, en la práctica, la realidad del poder de Dios. No es suficiente saber grandes teorías sobre el poder de Dios; tienes que vivir ese poder. No basta con ser un teórico de las grandes verdades espirituales; es necesario experimentarlas. La iglesia carece del poder de vivir una vida más pura, más santa y más cercana a Dios. La iglesia necesita poder para realizar vuelos más largos en su crecimiento. La iglesia ha estado caminando a paso lento como una tortuga, mientras que Dios quiere que avance como un águila. La iglesia necesita ser impulsada por el viento del Espíritu. Ese mismo viento impetuoso que sopló en Pentecostés necesita soplar hoy también, sacando a la iglesia de detrás de puertas cerradas de miedo y conformismo, empujándola fuera de las cuatro paredes. La iglesia de hoy necesita recibir ese viento poderoso que sopló en el valle de los huesos secos. Allí reinaba la muerte y la desesperanza. Los huesos eran la casa de Israel. Además de estar extremadamente secos, estaban esparcidos. El pueblo de Dios, además de carecer de fuerzas, está desunido. Solo el viento del Espíritu puede revertir esta oscura imagen. Necesitamos que nos lleven a aguas tranquilas. Necesitamos ser llevados a los copiosos torrentes del Espíritu. Necesitamos beber de los abundantes y fluidos ríos del Espíritu de Dios. Necesitamos probar de estas fuentes que brotan del interior de todo aquel que cree en Cristo, como dice la Escritura.

Ezequiel 47 trae una imagen sublime de esta verdad. El profeta ve el río que brota del santuario, bajo el altar. Somos el santuario del Espíritu (1Corintios 6:19). Sólo una vida que ha pasado por el altar, que ha muerto por el pecado y por el mundo y fue crucificada con Cristo, puede probar la dulce realidad de una vida desbordante del Espíritu Santo.

Entonces el profeta comienza a observar el progreso de esa vida en el Espíritu. Mide las aguas y le llegan por los tobillos: este es el comienzo de la vida cristiana. Es el comienzo del discipulado. Luego mide las aguas y le llegan a las rodillas: eso habla de la vida de oración. Nadie puede conocer la vida de intimidad con el Espíritu Santo sin ser llevado a la práctica de la oración ferviente. Luego mide las aguas del río, y ya están en su espalda: eso habla de reproducción. Cuando vivimos en el Espíritu, nuestra vida no puede ser mas diáfana. Entonces empezamos a generar nuevos hijos espirituales. Cuando se vuelven a medir las aguas, ya hay un gran río que hay que cruzar nadando. Ahora, es llevado por las aguas del río. Ahora no es el esfuerzo lo que lo lleva, sino las aguas.

El resultado es tremendo. Donde llegan las aguas de este río, todo lo que una vez estuvo muerto comienza a revivir. Cuando en nuestras vidas brotan los ríos del Espíritu por los que pasamos, tomamos la restauración.

Dependencia del Espíritu

Lo tremendo de esto es que el águila sólo vuela a alturas y largas distancias cuando deja a un lado su autosuficiencia, sus propios esfuerzos y se deja llevar por la fuerza del viento. También lo hace la iglesia; sólo se santifica a sí mismo y crece a medida que deja de confiar en sí mismo y vive en dependencia del Espíritu de Dios.

Es interesante notar que hay otra ave, a diferencia del águila, que tiene grandes dificultades para volar: es el pelícano. Sus vuelos son bajos, cortos y dramáticos. Sobre todo, el aterrizaje es desastroso. A menudo, el pelícano se lesiona en el momento del aterrizaje. Este hecho desconcertó a los estudiosos, y fueron a averiguar la razón de esta dificultad. Descubrieron, entonces, que el problema del pelícano es que tiene el pico muy grade. Entonces no puede volar alto o aterrizar correctamente.

Creemos que esta es una ilustración perfecta para nosotros. Muchos creyentes, a pesar del gran esfuerzo, el gran ruido, no llegan a los vuelos altos, ni logran progreso y crecimiento en la vida cristiana, porque tienen bocas grandes.

Al principio de mi ministerio, un pastor veterano me dio consejos. Me dijo: "Hernandes, el día que conozcas a un creyente que siempre se alaba a sí mismo, mostrando mucha autoconfianza en sí mismo, alabando una santidad estereotipada, puede saber que estás ante un creyente carnal, ante un pelícano, y no ante un águila".

La Biblia dice que Dios resiste a los orgullosos. El orgullo precede a la ruina. El que se ensalza será humillado. Nabucodonosor fue exaltado y fue a comer hierba con los animales en el campo. Herodes, lleno de orgullo y altivez, no dio gloria a Dios y fue devorado por los gusanos. Todo el que tiene una boca grande vive una vida mediocre. No hay nada más tacaño que una persona que ablanda su propio ego, se alaba a sí mismo, disfruta de un narcisismo enfermo. Hay un dicho popular que dice que una lata llena no hace ruido. Pero puedes sólo tocar una lata vacía que ya hace un escándalo. La espiga, cuando está llena y madura no se levanta; sólo el rastrojo, hueco, vacío, se levanta soberbio. Que Dios nos dé la gracia de ser como el águila que vuela en la fuerza del viento, y no como el pelícano, que no puede volar por tener un pico grande.

Capítulo 5

Visión completa

El águila tiene la fantástica capacidad de ver en todas las direcciones, desde todos los ángulos, en todas las perspectivas. Ve hacia adelante, a los lados y, con un poco de esfuerzo de la cabeza, también ve hacia atrás. Ve en un radio de 360 grados. Su visión es global. Puede verlo todo, entiende los detalles y siempre toma la mejor dirección. Cuando la Biblia dice que somos como el águila, ella tiene algo que enseñarnos al respecto.

Aquellos que esperan en el Señor necesitan tener una visión completa y integral de las cosas. El cristiano no puede ser una persona limitada y de mente estrecha. No puede sólo ver su microuniverso, como si estuviera mirando a través de un tubo. El cristiano necesita tener una visión integral y holística de las cosas. Él, que tiene la mente de Cristo, debe mirar a la vida como Dios la mira.

Hay muchas personas que sólo ven sus intereses, sólo ven el universo a su alrededor a través de la lente de sus escasas experiencias. Creen que la verdad se limita a lo que saben. Piensan que todo lo que trasciende su experiencia y visión debe ser rechazado. Rechazan lo que va más allá de los estrechos límites de su visión miope.

Hoy veo con preocupación la polarización de los creyentes en muchos asuntos, por falta de una visión más abierta y completa. Estos son algunos ejemplos:

1. En relación con la doctrina

Muchas personas son tan limitadas a la doctrina y la ortodoxia que olvidan la práctica de la piedad. Lo único que les interesa es no ir más allá de las Escrituras. Pero no se molestan en quedarse cortos. Para estas personas, lo importante es ser ortodoxo, aunque no sea práctico. Es triste ver cuántas iglesias que sobresalen en la confianza doctrinal están tan sueltas en la concesión del pecado. Luchan tan duro por la verdad que se olvidan de vivirla. Son como la iglesia de Éfeso, ortodoxa, pero sin amor. Otros, sin embargo, caen en el otro extremo.

Sólo se preocupan por la experiencia y no saben nada de la verdad de Dios. Se vuelven místicos analfabetos de la Palabra. Caen en una experiencia resbaladiza. Se involucran en prácticas religiosas que son ajenas a la verdad revelada en las Escrituras. Jesús denunció este doble extremismo cuando levantó su difamación contra los saduceos: [...] "Erráis ignorando las Escrituras, y el poder de Dios"(Mateo 22:29). Hay muchas personas que son expertas sobre la Biblia, pero analfabetas sobre el poder de Dios. Son teólogos, conocen con experiencia inusual los dogmas, van con ingenio por los textos originales, haciendo investigaciones precisas y espléndidas exégesis, pero son secos y duros como la piedra, desnudos como el desierto. No son como el águila. Sólo ven un lado del problema. Tienen teología, pero no tienen vida, tienen una Palabra, pero no tienen unción.

Por otro lado, hay quienes quieren ser médicos sobre el poder de Dios, hacer ruido y alboroto en el nombre de Dios, prometer milagros y parecen ser dueños de la agenda de Dios, pero no saben nada de las Escrituras. Viven en un pueblo místico e impreciso, con gestos grandilocuentes, pero son analfabetos de la Biblia. Viven inmersos en el subjetivismo limitante y manipulador. Viven comprometidos con el misticismo herético, un traidor a la verdad. Estos también son miopes, estrábicos, no tienen la visión del águila.

2. En relación con la liturgia

Esta es un área en la que ha habido mucha confusión en el entorno evangélico. Hay una falta de discernimiento, amor y paciencia para lidiar con esta materia. Muchos defienden la tesis de una liturgia solemne, tradicional, pero terminan cayendo en una liturgia fría, impersonal y muerta. Estos a menudo se hunden en el marasmo del ritualismo tieso. Se inclinan al lado del ceremonialismo sin vida. No se abren a lo nuevo. Cantan siempre los mismos himnos. Siempre están como apagados. Para ellos, solemnidad es sinónimo de inmovilidad y dureza. La liturgia es cerrada, repetitiva, monótona, en la que la gente siempre sabe de antemano lo que sucederá. No hay lugar para que el pueblo de Dios abra su corazón y alabe con entusiasmo. Los partidarios de esta postura sólo pueden desahogar sus emociones cuando hablan de dinero, política o fútbol. En la presencia de Dios se cierran, encogen y contienen sus emociones. No conocen los vítores del gozo, no se deleitan en la presencia de Dios. En muchas iglesias, el culto es una ceremonia fúnebre en la que no hay signos vitales del creyente. Necesitamos alzar la voz contra este extremo, porque el desbordamiento de gozo en la presencia de Dios es ciertamente mejor que una muerte ordenada. Un perro vivo realmente es mejor que un león muerto.

Hay otro extremo peligroso y dañino. Hay iglesias en las que la liturgia es una confusión, un desorden, un emocionalismo exacerbado en el que las personas se aíslan de la razón y se lanzan a una catarsis escapista e irresponsable. En lugar de ser iluminados, se vuelven más perturbados. En lugar de curarse, se enferman. Estas actitudes conducen al antiintelectualismo, la carismanía, el sobrenaturalismo y la manipulación.

Una forma litúrgica peligrosa hoy es la introducción de modelos mundanos en la iglesia. La iglesia, por no perder originalidad, creatividad y fidelidad, ha copiado el mundo en su peor momento. Así, opta por música que cae solo en ritmos sensuales y no comunica nada al espíritu. Por eso la idea de la música de entretenimiento, es un espectáculo que proyecta al hombre, hace el bien a la carne, florece en el medio evangélico, pero no glorifica a Dios, no eleva el espíritu, ni edifica la iglesia. La música evangélica debe tener un origen divino y ser para la alabanza de Dios, mientras lleva al pecador a temer al Señor y confiar en Él.

Tenemos que buscar el equilibrio de una liturgia en la que no tiramos a la borda los ricos legados del pasado ni nos cerremos a la bendición de lo nuevo. La liturgia tiene que ser con orden y decencia, pero llena de vida, entusiasmo y calidez. La libertad del Espíritu no es un desorden de confusión y alboroto. El orden y la decencia no son contrariosa la libertad del Espíritu. Que Dios nos ayude a tener discernimiento para eso en estos días.

3. En relación con la obra misional

Debemos tener la percepción del avivador del siglo XVIII John Wesley cuando dijo: "Mi parroquia es el mundo". Jesús dijo que el campo es el mundo. Toda visión misionera que no sea del mundo entero no es la visión de Dios. Dios ama a las naciones. En Abraham, todas las familias de la tierra son bendecidas. Cristo murió para comprar con su sangre a los que vienen de todas las tribus, pueblos, lenguas y naciones. El propósito de Dios es que la iglesia sea una luz para las naciones y evangelice y haga discípulos de todas las etnias, hasta los confines de la tierra. El testimonio de la iglesia debe cruzar las fronteras de su Jerusalén e ir por todo el mundo. No podemos quedarnos atrapados dentro de los límites de cuatro paredes. No podemos invertir solo en la iglesia local. Tenemos que llegar al mundo entero en cada generación. Tenemos que ampliar nuestra visión. Tenemos que hacer aquí la obra de

Dios a toda prisa, sin olvidar los campos que se blanquean para la cosecha en los rincones más lejanos de los países más lejanos. Se necesita una visión integral de la obra misional en todo el mundo. Somos como el águila.

4. En relación con el avivamiento

Es triste ver a algunas personas levantando un muro de separación dentro de la iglesia, etiquetando a las personas como tradicionales o avivadas. Siempre es un riesgo etiquetar a las personas. El etiquetado suele ser prejuicioso, excluyente y descarado. Por lo general, hace más daño que bien. Esto es lo que vemos en el etiquetado de las personas llamadas tradicionales y avivadas. ¿Cuál es la connotación que le dan a lo tradicional? Hoy, el tradicionalista se ha convertido en sinónimo de una persona que huele a naftalina, con rostro de museo, irreductible en su conservadurismo, incapaz de ver nada bueno en algo que difiera de su visión. Así, dentro del etiquetado, lo tradicional es aquella persona que está más apegada a las costumbres, la tradición y el pasado que al fluir de nueva vida en Cristo que debe brotar en la iglesia a cada momento. Así, esta persona se cierra a la obra del Espíritu. Le teme a todo lo nuevo. Se cierra, encoge y rechaza cualquier cosa que no esté dentro de las balizas de sus escasas experiencias. Qué triste ver a la gente de esa manera. Viven una vida falsa, amargando una profunda aridez en el alma, una sequedad en el corazón, una locura salvaje en el espíritu. No se abren a la novedad de la vida que Cristo ofrece, porque tienen miedo del Espíritu Santo, tienen miedo de tropezar, miedo de perder la referencia, miedo a vivir.

Por otro lado, hay quienes, con la esperanza de ser revividos, no dan ningún valor al legado que han recibido. Lo tiran todo a la borda. No quieren tener vínculos con el pasado. No les gusta la historia. No tienen raíces. No quieren un compromiso con la institución. No valoran la teología. Sólo quieren perseguir señales y maravillas. Sólo buscan milagros; como niños, sólo están interesados en las golosinas. Sólo buscan los beneficios de la fe. Sólo ven el lado deslumbrante de la vida cristiana. Sólo buscan un Evangelio bullicioso, sin precio, sin costo, sin cruz, sin discipulado.

La verdad no está en los extremos. Debemos ser creyentes tradicionales, apegados a las verdades irreductibles de Dios. Los absolutos de Dios no son negociables. No podemos relativizar la verdad. No podemos echar nuestra teología a basura. Iglesia sin doctrina no tiene consistencia, ni firmeza, ni fidelidad. No podemos cortar nuestras raíces con el pasado. No podemos poner nuestra Confesión de

Fe en el museo. No podemos tirar por la borda el rico legado que hemos heredado de los apóstoles, reformistas, nuestros padres puritanos y tantos siervos fieles del pasado. No podemos vivir como hojas en el viento, sin raíz ni estabilidad.

Nuestro apego a la verdad, lejos de hacernos retroceder a una vida pobre y mediocre, debe impulsarnos a una vida abierta al Espíritu de Dios. La ortodoxia y la piedad no son excluyentes, sino verdades que se completan. Necesitamos teología con piedad, ortodoxia con unción. Necesitamos doctrina con avivamiento, profundo conocimiento con poder. Necesitamos dejar de lado todo radicalismo extremista y ver el equilibrio que Jesús reveló en su vida, porque se manifestó lleno de gracia y verdad. Nosotros también debemos crecer en la gracia y el conocimiento de Jesús. Debemos conocer las Escrituras y el poder de Dios. No podemos tener una visión estrecha, limitada y parcial. Somos como el águila.

Capítulo 6

Discernimiento total

La visión es una de las obras más prodigiosas de la Creación. Nuestro ojo es más complejo que la invención humana más intrincada. El ojo, es uno de los órganos más extraordinarios del cuerpo. Según el famoso oftalmólogo John Wilson, tenemos más de 60 millones de hebras dobles recubiertas en cada ojo. Nuestro ojo es infinitamente más sofisticado que las cámaras más modernas que el hombre ha inventado.

Una de las cosas más interesantes que tenemos en nuestra opinión es la capacidad, en un marco general, de centrarnos en un punto específico, focando nuestra atención en él, sin perder el panorama general del escenario.

Esta capacidad de cerrar un punto específico en una imagen general, sin perder la visión del todo, proviene del hecho de que tenemos en nuestra retina un dispositivo llamado fóvea. Eso es algo maravilloso.

Los científicos, examinando a fondo la extraordinaria capacidad del águila para ver a largas distancias con una precisión meticulosa, han descubierto que no sólo tiene una fóvea, sino tres. Descubrieron más, que una de las fóveas está apuntada hacia arriba, otra hacia adelante, y otra hacia abajo, de tal manera que el águila distingue claramente, al mismo tiempo, un objetivo en la parte superior, otro delante y otro abajo. Esto es algo colosal e impresionante. Este hecho es una lección tremenda para nosotros:

1. Necesitamos tener una clara visión de lo alto

El águila es el único pájaro que puede apuntar al Sol desde el frente, sin ser deslumbrado. Dios quiere que sus hijos vean lo que otros no pueden ver.

Hay muchas personas que poseen una cultura enciclopédica, dominan con experiencia inusual los temas más intrincados de la ciencia. Viajan con gran ingenio sobre los grandes temas de la cultura general.

Sin embargo, no tienen conocimiento de las cosas desde arriba. No pueden ver nada en la dirección de los horizontes celestes. Son analfabetos acerca de las verdades eternas. Están en la oscuridad espiritual más densa. Viven atrapados en una ceguera espantosa acerca de Dios, el cielo, la eternidad y la salvación de sus almas. Nacieron en una cuna de oscuridad. Caminan por la vida sin luz. Si bien tienen la mente asombrada al descubrir los secretos de la ciencia, no pueden discernir las realidades elementales del reino espiritual. Viven dominados por una profunda ignorancia espiritual, con los ojos vendados y el corazón endurecido.

Los que esperan en el Señor tienen una visión clara de la eternidad. No viven en este mundo sin esperanza, como los hedonistas, epicúreos modernos, pensando que la vida es sólo el aquí y el ahora y la muerte es el fin de todo. No viven oprimidos por el miedo a un purgatorio aterrador, ni en la ilusión de una reencarnación inexistente.

Los que esperan en el Señor saben que vivirán la eternidad con Jesús, con un cuerpo glorificado, disfrutando de las bienaventuranzas que van más allá de toda belleza y brillo humano. Por lo tanto, debemos amar las cosas del cielo, vivir por las leyes del cielo y disfrutar de antemano de las alegrías del cielo.

2. Necesitamos tener una visión clara frente a nosotros

Muchas personas, cuando descubren verdades espirituales y comienzan un paseo con Jesús, al no estar bien orientadas, hacen de la religión una ruta de escape y alienación. Es triste ver cuántas personas que, en nombre de la fe evangélica, están desconectadas de la realidad histórica en la que viven. Dan la impresión de ser verdaderos alienígenas en este mundo. No están interesados en los problemas que afectan a la humanidad. Se cierran en el escondite de su creencia religiosa. Como el avestruz, entierran sus cabezas en la arena de excusas y se enjaulan en el más oscuro del comodismo y la omisión más criminal.

Las personas con esta forma de ver el mundo no se involucran en la vida pública, no se interesan por los abrumadores problemas que garrotean los individuos, no influyen en el entorno en el que viven. Por el contrario, son sal insípida, luz que no alumbra, cola que no tiene cabeza.

Como cristianos, no podemos ser personas alienadas, que huyen de la lucha en la vida. Somos un pueblo de vanguardia. La vida cristiana no es un escape; es un desafío. No es un campamento de verano; es un campo de batalla. No es para cobardes, sino para aquellos que ya han renunciado a la propia vida.

Muchos confunden la humildad con la cobardía y la omisión. Piensan que el cristiano debe ser una persona apagada y desinteresada en los asuntos de este mundo. Piensan que el cristiano debe vivir sólo en el reino espiritual, abandonando por completo su vida. Obviamente esa no es la postura bíblica. El cristiano debe estar presente en el contexto de la vida social, para ser el elemento influyente, desinfectante y referencial. La Biblia habla de hombres santos que han tenido gran influencia en la historia porque se han involucrado en asuntos seculares, como José de Egipto, Daniel, Nehemías y tantos otros. La iglesia es la luz del mundo, no la sombra de la historia. La iglesia debe ser la conciencia del mundo, no una inocente útil en manos de los poderosos de este siglo.

Dios no quiere que seamos sólo activistas históricos, mirando hacia adelante sin apuntar a las alturas. Ese fue el grave error de la teología de la liberación. Pero tampoco es parte del plan de Dios ser creyentes con la cabeza en las nubes y sin los pies en el suelo. Este es el error del misticismo alienante. Jesús es para nosotros el gran modelo. Vino del cielo. Era del cielo. Está de vuelta en el cielo. Vivió según las leyes del cielo. Pero nunca fue ajeno a los problemas de la tierra. Vivió intensamente en su tiempo, involucrado en los grandes dramas que afectaron a la gente. No vivió alienado dentro de una sinagoga, ni enclaustrado en el templo. Su ministerio no era intramuros. Vivía entre la gente. Olía a gente. Deambuló por las ciudades, cruzó los pueblos, entró en las casas y tuvo una comida con pecadores rechazados por el legalismo fariseo. Habló con prostitutas, abrazó a niños, tocó leprosos, sanó a los enfermos y liberó a los oprimidos y poseídos de espíritus malignos. Su ministerio tuvo lugar en la calle, en la playa, en el campo, en las casas. No se cerró a un religiosismo estrecho ni abrazó una espiritualidad alienante. Por el contrario, donde estaba Jesús, el ambiente estaba impactado y transformado por su santa presencia. La gente se conmovió por sus palabras y fue bendecida por su poderosa acción. Así vivían también los profetas de Dios. Así vivían los apóstoles de Cristo. Así es como la iglesia debe vivir.

No podemos caer en el error de los pietistas del siglo XVII, que sobrevaloraron las cosas espirituales en detrimento de las cosas terrenales. Somos como el águila; nuestra vista desde arriba no nubla nuestra visión hacia adelante.

3. Necesitamos tener una visión profunda para lo que está abajo

El águila, al mismo tiempo que ve un blanco arriba, otro al frente, discierne con claridad diáfana otro abajo.

La vista del águila, de hecho, es algo extraordinario. "Desde allí acecha la comida: Sus ojos observan de muy lejos" (Job 39:29).

Nuestra visión de Dios y de la historia no puede quitar los ojos de los valles, de las regiones abisales del sufrimiento, de las grandes fosas donde hay multitudes sucias, llagadas, hambrientas y desesperadas, disfrutando del cruel dolor de la miseria extrema.

Necesitamos tener un corazón sensible y compasivo, capaz de convertir la piedad religiosa en una acción concreta y factible de ayuda a los necesitados. Tenemos que cruzar la frontera del sentimentalismo blando que es capaz de llorar ante el dolor de otro, pero incapaz de mover un dedo para aliviar este dolor y ayudar a la persona afectada.

El cristiano no dicotomiza la vida, pensando que sólo tenemos que preocuparnos por la salvación del alma, sin aliviar a las personas de las pesadas cargas que los afligen. El cristiano debe ser comprensivo. Su amor debe ser práctico. El cristiano es alguien que abre la mano a los necesitados, da pan al que tiene hambre, consuela a los afligidos, viste al desnudo, visita a los enfermos, ama al huérfano y a la viuda. Al igual que Job, se convierte en los ojos de los ciegos, las piernas del lisiado, y padre de los menesterosos (Job 29:15).

No basta con que la Iglesia haga hermosos discursos sobre el amor de Dios si no representa el brazo de la misericordia divina en la vida de las personas afligidas y necesitadas. Necesitamos entender que somos el cuerpo de Cristo en la tierra. Jesús habla a un pecador moribundo a través de nuestra boca. Visita a los enfermos cuando los encontramos en la cama de dolor. Él alimenta a los hambrientos cuando cedemos nuestra casa y nuestra despensa para ayudarle.

Aquellos que yacen en el valle de la vida esperan de nosotros más que discursos hermosos y retóricos. Necesitan una mano extendida, un corazón abierto, capaz de ofrecer ayuda real y factible.

En Brasil, vivimos en una sociedad marcada por una gran y profunda injusticia social. Mientras una minoría privilegiada posee una gran parte de la riqueza, viviendo en el lujo de Nababes, una abrumadora mayoría sufre la triste realidad de la pobreza degradante. Muchos de nuestros conciudadanos, por no tener acceso a la educación, viven desempleados o subempleados. Debido a que no tienen acceso a una atención médica decente, ven que sus fortalezas se ven socavadas por la enfermedad. Así, desposeídos y marginados, se enfrentan al drama del hambre, el sometimiento, la escasez y la humillación que los azota con un rigor inconmensurable. Muchos padres miran con los ojos empañados de tristeza el llanto que sufren sus hijos, durmiendo hambrientos, acurrucados en el suelo, sin cama para dormir, sin un trozo de pan para comer.

En esta impactante realidad, no podemos cerrar nuestro corazón. Seremos severamente juzgados el día del juicio si le negamos el pan a los hambrientos y la misericordia a los afligidos (Mateo 25:31-46).

El pueblo de Dios no puede ser parte de aquellos que codiciosamente se reúnen y acumulan sólo para sí mismos e insaciablemente siempre quieren más despilfarro para su propio deleite. El pueblo de Dios debe amar la misericordia (Miqueas 6:8), ejercer el amor, llegar a los necesitados, levantar a los caídos, limpiar la lágrima de los afligidos, ser un bálsamo para el alma desconsolada.

No podemos pasar por la vida indiferentes al gemido agónico de los heridos, que pasan por nuestro camino, al igual que el sacerdote y el levita (Lucas 10:31,

32). Debemos ser los agentes de la bondad de Dios. Al igual que el águila, no podemos perder de vista las regiones bajas donde hay gemidos y llantos y gritos de ayuda. Debemos tener la compasión de George Müller, que cuidaba de miles de niños necesitados en Bristol. Deberíamos revelar el interés en personas marginadas como Robert Raikes, fundador de The Sunday School en Gloucester, Inglaterra, en 1780, enseñando la Palabra y enseñando a los niños de la calle. Debemos manifestar la misericordia de Dios como lo hicieron muchos misioneros, como David Brainerd, David Livingstone, Hudson Taylor, que se dieron a sí mismos para ver a los perdidos salvados.

Capítulo 7

Libertad si, cautiverio no

El águila es un pájaro que ama la libertad. Es íntima con las alturas. No sabe vivir en cautiverio. No puede vivir en una jaula. No sobrevive en una jaula en zoológicos. Ella puede morir, pero no ser capturada. Ella no acepta ninguna condición para su vida que no sea la libertad.

Ese es un principio tremendo para nosotros. Los que esperan en el Señor son como el águila. También fuimos llamados a la libertad. Por la libertad fue que Dios nos liberó (Gálatas 5:17). Dios nos liberó del imperio oscuro (Colosenses 1:13). La verdad de Dios nos ha traído libertad (Juan 8:32). Jesucristo realmente nos liberó (Juan 8:36). ¡Somos libres!

A partir de este principio, quiero destacar algunas cuestiones prácticas:

1. El cristiano no puede vivir cautivo por miedo al diablo

Hay creyentes que siguen mordiendo sus uñas, temblando, asustados, con miedo del diablo. Se sienten acorralados. Pierden la alegría de comunión con Dios de tanta preocupación por el diablo. Dejan de deleitarse con las verdades celestiales, se privan de las delicias de la fiesta de Dios porque viven con una fobia enfermiza que les priva de toda la alegría de vivir con Cristo en las regiones celestiales. Incluso hay iglesias que hablan más del diablo que de Jesús. Atribuyen al príncipe de las tinieblas casi todo lo que sucede. Roban a Dios sus providencias, sus gestos de juicio y disciplina e incluso providencia, y convierten al diablo en el protagonista de casi todo. Hay gente que ve demonios en cada esquina, en cada rincón de la casa. Un dolor de cabeza que se puede resolver con una aspirina se atribuye a la acción del diablo. El neumático de un auto que se mete en el tráfico, es el diablo. Así, estas personas sobrestiman al diablo, lo temen, juegan su juego y se convierten en inocentes útiles en sus manos.

La Biblia dice que no recibimos espíritu de miedo (2Timoteo 1:7). En ninguna parte la Biblia nos dice que temamos al diablo, sino que debemos resistirlo. El diablo es de las tinieblas. No admite luz. No puede soportar la verdad. Solo sobrevive con una máscara. La Biblia dice que Jesús recibió todo poder y autoridad en el cielo y en la tierra. Si Jesús recibió todo el poder y toda la autoridad, entonces no quedaba poder ni autoridad para el diablo. El diablo es astuto, pero solo Jesús es Todopoderoso. El diablo no tiene autoridad, ni siquiera en el infierno. Las llaves de la muerte y el infierno están en las manos de Jesús, no en las manos del diablo (Apocalipsis 1:17, 18). Si estamos con Jesús, somos más que ganadores. Si estamos con Jesús, podemos hacer todas las cosas. Jesús se manifestó para destruir las obras del diablo (1Juan 3:8). Jesús ya triunfó sobre el diablo y sus huestes en la cruz y los desnudó, exponiéndolos al reproche y al desprecio (Colosenses 2:14,15). Jesús es el más valiente y el más fuerte que venció al diablo, lo despojó, le quitó la armadura en la que confiaba y repartió sus restos (Lucas 11:22).

Ahora hemos recibido autoridad sobre el diablo y sus demonios (Lucas 9:1). No necesitamos temerles, pero debemos echarlos por el poder del nombre de Jesús (Marcos 16:17), sabiendo que Satanás pronto será aplastado bajo nuestros pies (Romanos 16:20).

2. El cristiano no puede vivir cautivo del pecado

El cristiano es el que resiste el pecado hasta la sangre (Hebreos 12:4). Preferiría morir antes que ser cautivo del pecado. Prefiere arriesgar su vida, como hizo Daniel, que participar de los banquetes del mundo. Preferiría ir al fuego, como hicieron los amigos de Daniel, que ser infiel a Dios. Prefiere ir a la cárcel, pudriéndose tras las rejas como José de Egipto, pero con la conciencia tranquila, capitulando ante el pecado. Prefiere ser apedreado, como Esteban, antes que retirarse en su fiel testimonio. Prefiere caer en el campo de batalla, decapitado como Pablo, que ceder a las presiones del pecado y las seducciones del mundo.

El auténtico cristiano no puede vivir con máscaras como Judas. En sus labios no hay confesión de la mentira como en los labios de Ananías y Safira. Quienquiera que esté en Cristo es una criatura nueva, o de lo contrario no está en Cristo. Es algo lógico. Si somos de Jesús, debemos caminar como Jesús caminaba (1Juan 2:6). Si nacemos de Dios, no vivimos en la práctica del pecado (1Juan 3:9). Si caminamos en la luz, no tenemos comunión con las tinieblas. El verdadero creyente no permite el pecado como Geazi. No vive con los pies atados o con el cuello en la soga del pecado. No sabe cómo vivir en un desperdicio. No es un esclavo de las mentiras. No está dominado por la impureza. No es un siervo de orgullo. Es libre.

Es triste ver a tantas personas que van a la iglesia hoy en día, son estudiantes de la Escuela Dominical, estudian la Biblia, pero todavía viven en cautiverio. Hay gente que es esclava de las drogas. Algunas personas no han dejado su adicción a los cigarrillos. Hay otros que están dominados por el alcohol. Hay quienes están cautivos de la impureza. Viven con una mente llena de pornografía, sus corazones obstruidos de voluptuosidad. Hay jóvenes creyentes cuyo noviazgo es un pozo de sensualidad descorazonada. Capitulan a los deseos inflamados de la carne. Hay creyentes que aún no se han liberado de la gula. Viven para comer, y no comen para ganarse la vida. Hay personas cuyo nombre está en la lista de miembros de la iglesia, pero son cautivos de la codicia como Geazi, amantes de la primacía como Diotrefes, de los chismes como Doegue, denunciantes como Alejandro el calderero, y traidores como Judas.

Es escandaloso ver cómo viven las personas que dicen ser creyentes. No hacen ninguna diferencia para los que no conocen a Dios. Mienten de la misma manera, buscan ventajas comerciales fáciles y no se resisten a propuestas corruptas. Eluden, eluden las leyes, eluden a las autoridades fiscales, capitulan ante los sobornos, venden su conciencia, negocian sus valores absolutos, comercializan la verdad. Otros practican las mismas cosas que condenan. Sus labios están llenos de vanagloria. Sus corazones son orgullosos. Sus ojos están llenos de lujuria. Sus manos están llenas de iniquidad. Sus vestidos están contaminados por la sensualidad. Sus pies corren por las sendas del pecado. Son creyentes, van a la iglesia, pero están cautivos. Están en la jaula del oponente.

3. El cristiano no puede vivir cautivo de la omisión

Hay creyentes que son agentes secretos de Jesús. No se identifican como embajadores del Rey, su vida es tan insípida y sin sentido que nadie se da cuenta de que son de Jesús, si es que lo son. Viven en silencio cuando se trata de hablar de Jesús. No tienen miedo de hablar de fútbol. Son rápidos para hablar de moda. Hablan libremente sobre películas famosas. Conocen a los actores famosos, tienen la capacidad de hablar de los grandes temas de hoy, pero no abren la boca para hablar de Jesús. Tienen miedo. Son unos cobardes. Callan. ¡Están cautivos! La iglesia de Dios no puede ser un ejército de mudos. El evangelio es una proclamación de buenas nuevas. La fe viene al oír.

No podemos guardar este tesoro solo para nosotros. Si nos callamos, seremos culpables. Cada día que dejamos de hablar del evangelio, multitudes perecen en eterna perdición y su sangre caerá sobre nosotros. Nuestros corazones deben arder de pasión por las almas. Tenemos que proclamar a tiempo y fuera de tiempo. Tenemos que arrebatarlos de la esclavitud de la omisión. Tenemos que generar hijos espirituales. Debemos arrebatar a los que están en llamas, a punto de caer en el abismo de la perdición eterna. Debemos recoger a los que están en la encrucijada de la duda y abandonados en el camino y llevarlos al banquete de la salvación. Tenemos que entrar en el hogar de personas perseguidas por la sociedad, aunque eso escandalice a los fariseos radicales, para llevar la esperanza del evangelio de Cristo, que vino a buscar y salvar a los perdidos. Tenemos que recorrer ciudades y pueblos, aldeas y poblados, y predicar el evangelio en el templo, en las casas, en las plazas, en la playa o en cualquier otro lugar. Somos libres de salir y sembrar, incluso con lágrimas. Pueblo de Dios, sacudámonos del yugo de la omisión criminal. Vamos a salir de nuestras murallas y tocar el cuerno de Dios, llamando a todos al arrepentimiento, porque se acerca el día del juicio.

Capítulo 8

Fidelidad, la base de un matrimonio feliz

El águila tiene una característica muy interesante. No es como los otros pájaros al aparearse. Las aves domésticas no respetan la ley de restricción de relaciones. Un solo gallo, por ejemplo, cubre docenas de gallinas. El comportamiento del águila es diferente. Observa el principio de fidelidad a su pareja.

Creemos que este es uno de los principios más importantes para el hombre en todo momento. La fidelidad matrimonial es la base de cualquier matrimonio estable y feliz. Sin fidelidad, la relación se vuelve vulnerable. La infidelidad destruye la confianza, sofoca el amor, mata el respeto, acaba con la transparencia, despierta los celos y empuja la pareja a una crisis de consecuencias impredecibles. La infidelidad es traición, es maldad, es violencia que destruye el matrimonio, desestabiliza a los hijos, enferma emocionalmente a los involucrados, abre heridas incurables, despierta el odio, daña la iglesia, perturba la sociedad y desagrada a Dios. La infidelidad trastorna moralmente a las personas. Siempre que la gente cae en esa trampa, se vuelven mentirosos, cínicos y evasivos. Pierden su autenticidad, contaminan su honor, ensucian sus nombres, avergüenzan a la familia, provocan escándalos y deshonran a Dios.

La infidelidad conyugal tiene un precio muy alto. Sus consecuencias son terribles. No destruye sólo a aquellos que se indagan a la voluptuosidad; daña a mucha gente inocente alrededor. Apuñala a su cónyuge traicionado. Rompe la salud psicológica y emocional de la familia. Crea dolor y vergüenza. Causa dolor y odio. La infidelidad ha sido la causa de muchas muertes, muchos crímenes violentos, muchas atrocidades en la historia. La infidelidad ha llevado a muchas familias a la bancarrota, la pobreza, la miseria y la penuria. La infidelidad, en general, resulta en divorcio, y en desafortunadas consecuencias a lo largo de los años.

Es triste observar que este principio básico y elemental para la preservación de la familia está siendo tan atacado hoy. Las telenovelas inducen a las masas incautas a pisotear los valores absolutos y romper todos los códigos de decencia. Vivimos en una sociedad donde la institución del matrimonio está siendo atacada por todos lados. Hoy en día la gente cambia de cónyuge como se cambia de ropa. El hombre moderno no quiere compromiso. No tolera la ética estricta. No admite valores sólidos. Vive dominado sólo por sus deseos pervertidos. Su ética es situacional. Sus valores son relativos. Para él, no hay bien ni mal. No hay fronteras ni límites. El matrimonio monógamo es una prisión aburrida. Su mente no tolera los principios de Dios. Sus oídos no soportan la verdad. El hombre moderno se burla de Dios, pisa con escarnio en su Palabra, tripudia sobre los mandamientos de las Escrituras y vive sin frenos, según el curso del mundo, de acuerdo con la voluntad de la carne, siguiendo sus pensamientos locos, bajo las riendas del diablo. El hombre moderno sólo vive para el placer inmediato. No está buscando la verdad. En realidad no camina. Su propósito es satisfacer sus deseos, es cumplir con los dictados de su corazón engañoso y corrupto; así que cae sin resistencia en esta trama diabólica de adulterio y se rinde en el altar degradante de la infidelidad, ofreciendo su cuerpo como el sacrificio de la cena del mundo del pecado.

Sin embargo, lo que nos conmociona profundamente es que esta práctica reprobable ya se está volviendo bastante común en los grupos evangélicos. El número de divorcios crece en el entorno evangélico. Nos atormenta que veamos a nuestros jóvenes, en su mayor parte, ir al matrimonio ya con experiencias sexuales. La virginidad es algo raro, incluso en medio de la juventud cristiana. Si las personas que deben ser luz están en tinieblas, ¡qué gran oscuridad será entonces el mundo sin Dios!

Queremos discutir este asunto de la infidelidad y el adulterio mirando la vida de un hombre piadoso, que caminaba con Dios, le temía a Dios, pero no tenía cuidado y, por eso, cayó en la tentación. Debido a un placer efímero, cometió grandes atrocidades y cosechó los frutos amargos como consecuencia de su pecado por el resto de su vida. Este hombre es David. Lea el texto de 2Samuel 11. En él vemos la imagen de un hombre que mató a un león, derrotó a un oso, derrotó a un gigante, conquistó tierras, venció ejércitos, pero fue derrotado por sus propias pasiones. Veamos en este texto la radiografía de una caída, el retrato de un *affair* extramatrimonial:

1. Ocio. "[...] levantándose David de su cama" (2Samuel 11:2). Los soldados de David estaban en guerra mientras él se quedaba en casa. ¿Haciendo qué?

Dice el texto que una tarde se levantó de la cama. Ese no era el momento de dormir. No era hora de ocio. Fue debido a su ociosidad que estaba paseando por la terraza del palacio real, sin compromiso, sin agenda. Ese fue el primer paso de su caída.

2. Soledad. "Mas David se quedó en Jerusalén" (2Samuel 11:1). La soledad es un gran peligro. Toda persona que se aísla se convierte en una presa fácil de la tentación. Si David hubiera estado en el campo de batalla con sus soldados, no habría caído, derrotado por sus propias pasiones.

3. Concupiscencia de los ojos. "[...] cuando vió desde el terrado una mujer que se estaba lavando, la cual era muy hermosa"(2Samuel 11:2). David cayó porque la vio. Su mirada lujuriosa creó un deseo incontrolado en él. Encendió un fuego insaciable en su corazón. La codicia de los ojos fue la trampa que usó el diablo para derribar a Eva, Siquem, Acán y tantas otras personas en la historia.

4. Peligro adelante; no avance. "Y envió David á preguntar por aquella mujer" (2Samuel 11.3). David dio cuerda al pecado. Caminó en dirección al peligro. Coqueteó con la tentación. Hizo espacio para que el deseo lascivo lo dominara. Hasta ahora las cosas han parecido casuales. Pero ahora David deliberadamente corre en la dirección de la tragedia. Su curiosidad fue impulsada por su pasión. Está a un paso de la caída.

5. Cubriendo tus oídos para las advertencias de Dios. "[...] Le dijeron: es Betsabé, hija de Elia, mujer de Urías, el hitita." (2Samuel 11:3). Urías fue uno de los valientes de David (2Samuel 23:39). Él era el hombre de confianza de David. Aquella información fue uma advertencia solemne de Dios para David. El no honraba a Dios. No honró a su fiel soldado. No honró a su familia. No se respetaba a si mismo. No escuchó todas las señales de Dios que sonaban en su corazón.

6. Ceder al pecado. "Y envió David mensajeros, y la tomó: y así que hubo entrado a él, él durmió con ella [...]" (2Samuel 11:4). David no conocía sus límites. Jugó con el pecado, y fue superado por él. Jugaba con fuego, y se quemó. Dio refugio a la tentación, y estaba nadando por ella. El que tuvo tantas victorias por el poder de Dios, ahora se hundía vergonzosamente porque endureció su corazón.

7. El precio del pecado. "La mujer quedó embarazada y le dijo a David: Estoy embarazada" (2Samuel 11:5). El placer del pecado dura poco. David tuvo unas horas de intenso placer mientras estaba con Betsabé en la cama, pero toda una vida de dolor por este pecado. Cuántas lágrimas, cuánta presión, cuánta vergüenza, cuánto reproche, cuánta mentira, cuánta sangre derramada, cuántas familias afectadas. La traición cuesta demasiado. La infidelidad es dulce para el paladar, pero amarga y venenosa para el estómago. Ahora David debe enfrentarse a la dura realidad de su pecado. A partir de entonces, terminó enredado en las cuerdas de sus propias faltas.

8. El esfuerzo por ocultar el pecado. David intentó varias muchas cosas para encubrir su pecado (2Samuel 11:6-27).

1º — *Engañar al marido de Betsabé*. Cínicamente llamó a Urías, el marido de Betsabé, de la guerra para que pudiera acostarse con su esposa. Así que nadie se enteraría de que David era el padre del niño. Pero Urías era más noble que el rey David y se negó a quedarse con su esposa, sabiendo que sus camaradas estaban en guerra. David lo emborrachó, pero Urías todavía no cedió a las presiones de David (2Samuel 11:6-13).

2º — *Quemar las evidencias.* David, sin ninguna compasión, manda matar a Urías por la espada de sus enemigos. Urías lleva su propia sentencia de muerte. David se convierte en un monstruo maquiavélico frío y calculador (2Samuel 11:14).

3º — *Ser frío ante sus atrocidades.* David ordena matar a Urías. Describe la estrategia de cómo debe morir. Envía estos pasos a manos de la víctima. Todo se reunió para que pareciera que el crimen fue sólo un simple accidente de guerra. Así sucedió: Urías fue asesinado. David recibe las noticias esperadas, con calma, tranquilidad. Su corazón es duro. su conciencia, cauterizada. El rey se volvió loco, porque actuó con cobardía, crueldad y frialdad (2Samuel 11:25).

4º — *Casarse con la viuda desamparada.* Su gesto parecía hermoso a los ojos de la nación. Fue un gesto de grandeza: amparar a una viuda embarazada. Dando la bienvenida a una mujer solitaria y necesitada. Los ojos humanos no notaron nada. Todo fue profesionalmente encubierto. Fue un crimen perfecto. No dejó pistas para ningún detective (2Samuel 11:26,27). Pero el versículo 27 dice que el pecado de David [...] "disgustó al *Señor*". Dios ve todas las cosas. "[...] No os engañéis: Dios no puede ser burlado: que todo lo que el hombre sembrare, eso también segará"(Gálatas 6:7).

9. El peso de la mano de Dios. El pecado no queda sin juicio. David ocultó su pecado a los demás, pero no pudo deshacerse de su conciencia. En el Salmo 32 cuenta lo que le sucedió mientras ocultaba su pecado:

a) Sus huesos envejecieron (v. 3).

b) Él gemía de angustia todos los días (v. 3).

c) Sentía el peso de la mano de Dios día y noche (v. 4).

d) Su vigor se marchitó; la alegría se había ido de su vida (v. 4).

David está en el trono reinando, resolviendo los problemas de los demás, pero no tiene paz. Su vida es un infierno.

10. Las terribles consecuencias del pecado. Hubo muchas consecuencias del pecado de David:

a) El niño, fruto del pecado, murió, a pesar de las intensas oraciones de David (2Samuel 12:15-18).

b) David fue desenmascarado públicamente. Es una pena. Lo que hizo en secreto, todo su pueblo lo supo, y por generaciones, a lo largo de los siglos, todavía comentan sobre este pecado de David (2Samuel 12:7-9,12).

c) La espada nunca se alejó de su casa (2Samuel 12: 1,11). La misma crueldad que le hizo a Urías se volvió contra él. Su familia se convirtió en un campo de guerra. Ahora no eran los soldados los que morían, sino sus hijos. Amnón viola a Tamar. Absalom mata a Amnón. Absalón abusa sexualmente de las concubinas de su padre en público y conspira contra su padre para matarlo. Absalón muere en esta persecución. Más tarde, Salomón mata al hermano Adonías. Esta tragedia familiar es la consecuencia de una hora de placer, un momento de desconsideración, un pecado de infidelidad. La infidelidad deshonra a Dios, destruye a la familia, trae oprobio y vergüenza y aparta a los transgresores.

Necesitamos entender que los valores de Dios no cambian. Aunque la sociedad que nos rodea se está desmoronando y perdiendo el punto de referencia del bien y el mal, cayendo en el pozo del relativismo inmoral, no podemos ceder a la presión. No podemos imitar al mundo. Necesitamos tener el coraje de ser diferentes. No podemos conformarnos al pecado. No podemos acostumbrarnos. No podemos crear mecanismos para justificarlo, ni podemos transigir. Necesitamos repudiar el pecado de la infidelidad con todas las fuerzas de nuestra alma. Necesitamos levantar nuestro grito de protesta contra esta práctica tan dañina para la estabilidad y la felicidad de la familia. Es hora de que la iglesia alce su voz profética y condene sin rodeos esta abominable transgresión. Es hora de curar las heridas del pueblo. Es hora de recuperar los valores válidos de una ética sana, en la que se honre a Dios, a la familia protegida y una sociedad sana. Seamos como el águila. La lealtad no es una opción; es una orden divina.

Capítulo 9

Ruptura y renovación

Una de las características más interesantes del águila es su renovación. David expresó esta idea en el Salmo 103:5: "[Dios es] quien te suministran todo lo bueno, para que tu juventud se renueve como el águila".¿Cómo se lleva a cabo este proceso? El águila, cuando comienza a sentir que sus plumas se están haciendo viejas y oxidadas, cuando comienza a darse cuenta de que su pico ya no es tan afilado y fuerte, cuando descubre que sus garras ya se están debilitando, toma una medida drástica, casi traicionera, para salir de esta imagen más espeluznante. ¿Qué hace?

1. Lo primero que hace el águila es interrumpir sus actividades

El águila no continúa su trabajo, sus vuelos, sus cazas, sus aventuras. Se detiene, interrumpe su rutina. Cancela sus horarios y planes. Es una lección fuerte para nosotros. Hay momentos en que la mejor acción es quedarse quieto. No siempre es prudente seguir adelante. Dios no está interesado en el activismo. Está más interesado en quiénes somos que en lo que hacemos.

Los hijos de Eli fueron asesinados, e Israel fue derrotado por los filisteos, porque llevaron el arca del convenio al campo, pensando que la mera presencia del arca los liberaría de las manos del enemigo. El arca fue robada, las personas fueron derrotadas y asesinadas. La gloria de Dios se apartó de Israel, porque vivía en pecado, estaba haciendo la obra de Dios con una vida contaminada de iniquidad. En lugar de ir a la guerra, debería haberse detenido, haciendo un examen meticuloso de su vida, arrepentido de sus pecados. El activismo sin santidad genera truenos, pero no trae lluvia fresca y reparadora. La obra sin vida no da frutos que agradan a Dios.

Después de la restauración del cautiverio en Babilonia, el pueblo judío regresó a Israel en tres levas: una bajo el liderazgo de Zorobabel, para la reconstrucción del templo; otro bajo el liderazgo de Esdras, para enseñar la ley; y otro más bajo Nehemías, para la reconstrucción de las murallas de la ciudad. En ese momento, los profetas Ageo y Zacarías instaron al pueblo a hacer esfuerzos para reconstruir el templo. Hubo un gran despertar. Hubo restauración. Hubo cura y la gente experimentó un avivamiento bendecido. Sin embargo, han pasado unos cien años y ha surgido una nueva generación. Surgieron nuevos líderes y la nación volvió a perder su fervor. El pueblo continuó con el aparato religioso, pero perdió la comunión con Dios. Continuaron trabajando, yendo al templo, haciendo sacrificios, pero Dios no estaba complacido con ellos ni con sus ofrendas. Entonces Dios levantó al profeta Malaquías para denunciar el pecado del pueblo. Este mensajero del Señor tocó sus trompetas contra Israel para decir que Dios estaba más interesado en lo que eran que en lo que hacían. Malaquías levanta su libelo de condenación y revela los pecados del pueblo:

1º — Desprecio por el amor de Dios (1:2-4).

2º — Desprecio por el nombre de Dios y el altar (1:6-14).

3º — Desprecio de la fidelidad conyugal (2:10-16).

4º — Desprecio del juez de Dios (2:17-3:5).

5º — Desprecio de comunión con Dios (3:6,7).

6º — Desprecio a la fidelidad en los diezmos (3:8-12).

7º — Desprecio por la fidelidad al servicio de Dios (3:8-18).

Dios llega a tal disgusto con el activismo religioso del pueblo, sin el apoyo de la vida, que dice: "*¿Quién también hay* de vosotros que cierre las puertas o alumbre mi altar de balde? Yo no recibo contentamiento en vosotros, dice Jehová de los ejércitos, ni de vuestra mano me será agradable el presente" (Malaquías 1:10).

Dios hizo lo mismo con Caín. Ya que no aceptó la vida de Caín, rechazó su oferta (Génesis 4:5). Jesús dijo que es mejor dejar la ofrenda en el altar e ir primero a resolver disputas con otras personas y solo luego consagrarlas a Dios (Mateo 5:24). Dios está más interesado en lo que eres que en lo que haces. Trabajar sin vida es inútil. El activismo sin santidad no agrada al corazón de Dios. Necesitamos aprender del águila.

2. La segunda cosa que hace el águila es aislarse en la cima de los acantilados

El águila es un ave solitaria. No vuela en bandadas. Sobre todo, cuando se encuentra en este proceso de autorrenovación, emprende un vuelo alto, sube a los lugares más altos, se refugia en lo alto de los acantilados. Allí está sola, aislada, enfrentando su propia realidad.

Ésta es una lección tremenda para nosotros. Hay momentos en los que necesitamos salir de la multitud, dejar la comunidad y sumergirnos en nuestra propia intimidad. Hay momentos en los que tenemos que dejar el ruido febril de las reuniones festivas para replegarnos en un profundo autoexamen.

Es prudente hacer como Jacob, quien, en una fatídica noche de su vida, cuando estaba acorralado por su conciencia, amenazado por su hermano, ya no podía seguir sin tener un trato y una solución en su vida, se quedó solo, en el vado de Jaboque. Allí Dios luchó contra él. Allí Dios venció la resistencia de Jacob. Allí Dios tocó la vida de Jacob. Allí Dios salvó a Jacob. Allí Dios liberó a Jacob del temor y las garras de su hermano (Génesis 32:22-32). Fue en la soledad del desierto que Dios llamó a Moisés para liberar a su pueblo de la tiranía del faraón. Fue en la soledad de la cueva donde Dios le dijo a Elías que no se rindiera a las amenazas de Jezabel, sino que levantara la cabeza y llevara a cabo plenamente su ministerio.

También necesitamos hacer nuestros retiros no en la dirección a las multitudes, sino a la soledad, para arreglar nuestra vida con Dios. Charles Finney, cada vez que se daba cuenta de que el Espíritu ungido estaba escaso en su vida, detenía su predicación, dejaba las cruzadas de la evangelización y se aislaba, quedando solo con Dios. Allí vertió su alma. Allí se abría el corazón y buscaba la restauración desde arriba. Sólo se fue después de sentir el aceite fresco del Espíritu goteando sobre su cabeza.

El Hijo de Dios mismo, aun con una obra tan intensa, hasta el punto de no tener tiempo de comer, nunca dejó de tener sus momentos a solas con el Padre. Pasó noches enteras en oración. Se alejaba del ruido febril de las multitudes y se dirigía a las colinas donde estaba cara a cara con el Padre, en una comunión deliciosa y solitaria. Creemos que, si queremos hablar con la multitud, debemos aprender a estar a solas con Dios. Nuestras palabras al pueblo se convertirán en un eco vacío si no pasamos tiempo con Dios. Primero tenemos que aprender a hablar de los hombres a Dios y luego hablar de Dios a los hombres.

3. La tercera cosa que hace el águila es arrancar sus plumas viejas

El águila, al llegar a la cima del acantilado, comienza a arrancarse las plumas una a una con el pico. No se libra de este intenso dolor. Todas las plumas son arrancadas. Su cuerpo queda desfigurado mientras se mutila a sí misma. Su medida es drástica y su postura es radical. Su actitud no es en absoluto complaciente consigo misma. Se trata de la austeridad. No se ahorra los dolores más severos.

Creemos que este gesto de águila tiene mucho que enseñarnos. Si queremos tener una nueva vida con Dios, una vida abundante, llena de vigor y poder, también debemos tener el valor de descartar mucho peso inútil de nuestra vida. Necesitamos que nos despojen de mucho equipaje que llevamos y que nos frena en el viaje. Necesitamos deshacernos de nuestras vestiduras contaminadas por el pecado, manchadas de iniquidad. Si queremos subir a la presencia de Dios en Betel, como Jacob, tenemos que tirar los ídolos de nuestro hogar, quitarnos las túnicas sucias del pecado y purificar nuestras vidas (Génesis 35: 1-3). Se necesita valor para arrancar las plumas viejas que nos cubren. Es necesario ser audaz para eliminar hábitos que ya están arraigados. Se necesita determinación para liberarse y romper las ataduras de la adicción que se han incrustado en nuestras vidas, llevándonos a un profundo debilitamiento.

No hay restauración sin reforma. Antes de construir y edificar, es necesario derribar y demoler. Antes de que la semilla dé fruto, necesita morir. Antes de la renovación viene el despojo. Antes del avivamiento, viene el quebrantamiento.

El águila, después de haber arrancado todas sus plumas, se encuentra en un estado deplorable. Su cuerpo parece mutilado. Su apariencia está desfigurada. Sin embargo, después de unos días, comienzan a crecer plumas nuevas, hermosas y fuertes. Ella se recompone. Todo se vuelve nuevo. Obtiene una nueva apariencia. Se vuelve hermosa, encantadora, deslumbrante. Así es con aquellos que esperan en el Señor y pasan por este proceso de quebrantamiento. Los que se humillan son exaltados. Aquellos que se quitan las túnicas sucias serán cubiertos con túnicas blancas. Aquellos que se liberan del yugo de una vida atada por el pecado disfrutarán de los placeres de la intimidad con Dios. Aquellos que se despojan de lo viejo se renuevan a una nueva vida, llena de vigor y poder. Aquellos que se quebrantan, se arrepienten y abandonan el pecado son restaurados por Dios para vivir en una vida nueva.

4. La cuarta cosa que hace el águila es frotar su pico en la roca

El águila no sólo arranca las plumas viejas, sino que cuando se da cuenta de que su pico ya se está débil, viejo y lleno de costras, lo frota con fuerza contra la roca; frotando, frotando, hasta que queda en sangre viva. Después de este doloroso proceso, queda completamente desfigurado, pero a los pocos días le crece un nuevo pico tan fuerte como el acero.

Creo que con nosotros no debería ser diferente. También tenemos que pasar por esta experiencia. Necesitamos poner la boca en el polvo. Necesitamos eliminar muchas cosas viejas de nuestros labios. Eliminando palabras torpes, bromas inmorales, críticas desagradables, acusaciones leves. Necesitamos quitar de nuestros labios las costras que debilitan y comprometen nuestra comunicación. Nuestro idioma debe ser fuente de palabras de vida. Debemos ser vigilantes de la verdad y no portadores de la mentira. Debemos ser predicadores de esperanza, no precursores del caos. Debemos ser mensajeros de paz, no instrumentos de discordia. Nuestra lengua debe ser medicina, no veneno; canal de vida, no arma de muerte.

También debemos poner nuestra boca en el polvo, pidiendo a Dios que toque nuestros labios con las brasas vivas del altar, quitando de ellas la iniquidad y la impureza y derramando sobre ellas la unción fresca del Espíritu, para que podamos hablar con gracia y poder, anunciando las buenas nuevas de salvación. Necesitamos ser la boca de Dios (Jeremias 15:19). Necesitamos que la Palabra de Dios en nuestra boca sea la verdad (1Reyes 17:24). Necesitamos ser la voz de Dios y no solo un eco (Lucas 3:4). Pero para eso es necesario frotar nuestro pico en la roca. Que Dios nos dé valor para pasar por la escuela del quebrantamiento.

5. La quinta cosa que hace el águila es golpear sus garras en la roca

En este proceso de autorrenovación, cuando el águila se da cuenta de que sus garras ya están débiles, las golpea con fuerza en la roca varias veces hasta que esa capa envejecida y callosa se cae, quedando en carne viva. Queda toda ensangrentada, bajo el azote de un dolor muy crudo. Sin embargo, luego de este proceso de autoflagelación y quebrantamiento, las garras comienzan a crecer con todo el vigor y fuertes como el hierro, y se renuevan por completo. Ahora, limpia y revitalizada, desciende de las alturas para continuar su vida y sus actividades.

También debemos afilar nuestras garras, quitándoles cualquier costra insensible. Las garras son los instrumentos de batalla que usa el águila para capturar a su presa. Son las armas de combate del águila. Nuestras armas espirituales no pueden dañarse ni oxidarse. Necesitamos estar listos y preparados en cualquier momento para el combate. La vida cristiana no es un campamento de verano; es un campo de guerra. Estamos en una lucha. En esta guerra no hay tiempo para una tregua, no hay alto al fuego, no hay ruptura. En esta batalla, no hay terreno neutral.

Nuestras armas no son carnales. Son poderosas en Dios para destruir fortalezas y anular los sofismas. Tenemos armas de defensa (Efesios 6:14-16) y armas de ataque (Efesios 6:17,18). Debemos usarlas con habilidad. No podemos dormir en un campo de guerra. Este mundo es un campo minado por el enemigo. El mundo está con el Maligno. Es importante estar preparado con garras afiladas y fuertes. Para eso es necesario subir a las alturas. Necesitamos estar en la presencia de Dios, porque de él viene nuestra restauración y nuestra fuerza. No somos nosotros los que tenemos el poder de cambiar nuestras vidas. No se trata de una confesión positiva, de meditación trascendental o simplemente de zambullirse en el océano de nuestra subjetividad. Es necesario ascender a las alturas con humildad, con arrepentimiento, con voluntad de cambio, porque la transformación viene de Dios. Solo el Espíritu Santo puede rehacernos. Nuestra cura solo viene de Dios. Solo desde lo más alto crece nuestra restauración.

Capítulo 10

Mis hijos, mis discípulos

Una de las características más interesantes del águila es el cuidado de sus crías. Creo que debemos aprender del águila muchas cosas que se están pasando por alto en esta generación. Hay algunos principios básicos en la crianza de los hijos que los padres no pueden olvidar. Estos principios son balizas seguras en el camino, puntos de referencia que no se pueden quitar, señales que no se pueden destruir ni borrar. Hoy, más que en cualquier otra generación, hay una orquestación del infierno para destruir a la familia. Hay una conspiración contra esa primera institución divina. El diablo y sus malvados agentes han derramado toda su furia sobre la familia. El infierno ha arrojado todo su odio nefasto por los hogares. Parece que una tormenta convulsiva amenaza con socavar los cimientos de la familia. La sociedad moderna ya no acepta los valores éticos. Vive sin frenos, con riendas sueltas, sin líneas divisorias entre el bien y el mal. Lo que prevalece no es la verdad, sino la satisfacción inmediata de los deseos pervertidos. Esta sociedad hedonista y amante del placer, se está desintegrando moralmente cada día. La fidelidad conyugal, para muchas personas, es una costumbre arcaica sin origen en esta era llamada posmoderna y poscristiana. La virginidad y la castidad de la juventud son vergonzosas. La rebelión de los niños contra sus padres y la forma desconsiderada e incluso irresponsable en la que viven muchos padres, son hoy una realidad desastrosa y lamentable.

Seguramente debemos ver al águila y aprender de ella cómo debemos cuidar de la familia.

1. El águila no coloca el nido de sus hijos cerca de los depredadores

"¿Se remonta el águila por tu mandamiento, Y pone en alto su nido?. Ella habita y está en la piedra, En la cumbre del peñasco y de la roca." (Job 39:27,28).

El águila no coloca el nido de sus hijos en el borde de la carretera, en lugares bajos y peligrosos. El águila no expone a sus hijos a las bestias - fieras y depredadores. No los deja en lugares vulnerables. Por el contrario, sólo hace su nido en la cima de los acantilados. Ella tiene cuidado al poner el nido de sus hijos en alturas, con total seguridad.

¡Qué lección tan tremenda para nosotros!

En la sociedad competitiva en la que vivimos hoy, tratamos de prepararnos mucho. Hacemos cursos y más cursos. Pasamos por varias capacitaciones, vamos a seminarios, leemos libros y escuchamos muchas conferencias. Sin embargo, hay pocos que se preparan adecuadamente para casarse. Pocos se preparan para tener hijos. La mayoría de los padres no están listos para educarlos adecuadamente.

Una vez, alguien le preguntó a Agustín de Hipona: "¿Cuándo debo comenzar la educación de mi hijo?" Él respondió: "Veinte años antes de que naciera". Primero te educas a ti mismo. Solo entonces podrás educar a tus hijos. Si vivimos en lugares bajos, entre depredadores, ¿cómo vamos a construir el nido de nuestros hijos en lugares altos? Si nosotros, los padres, no sabemos cuáles son las alturas de la intimidad con Dios, ¿cómo podemos llevar a nuestros hijos allí? Si vivimos con los pies sucios de barro, ¿cómo vamos a construir el nido de nuestros hijos encima de las rocas?

Es triste ver que muchos padres viven juntándose con depredadores y construyen el nido de sus hijos en lugares de peligro. ¡Cuántos niños de hoy son bombardeados diariamente por los medios de comunicación, por ideas pervertidas que socavan los valores más elementales de la sana doctrina y trastocan los principios básicos de la conducta desenfrenada! ¡Cuántos jóvenes son arrastrados por las corrientes de la adicción y esclavizados por los depredadores, cayendo en las fétidas fosas de una vida rebelde y subhumana! ¡Cuántos adolescentes capitulan ante la llamada del sexo y se entregan a la lujuria, ofreciendo sus cuerpos en el altar de la promiscuidad, luego sufriendo derrotas devastadoras, cosechando los frutos amargos de una conciencia culpable y una vida destrozada, porque sus padres construyeron nidos cerca de los depredadores! Estamos observando, horrorizados, la sodomización de la sociedad moderna. Los valores de Dios son pisados. Los principios bíblicos de una vida pura son tripudiados. Aquellos que tratan de resistirse a esta avalancha son burlados.

Me dirijo a ti, padre o madre , ¿dónde está el nido de tus hijos? ¿Dónde están tus hijos? ¿Adónde van? ¿Qué están haciendo? ¿Con quién están pasando el rato? ¿A qué hora llegan a casa? ¿Quiénes son los amigos de tus hijos? ¿Quiénes son los consejeros de sus hijos?

La Biblia nos cuenta la dramática historia de un hombre piadoso y fiel que amaba a Dios, tenía el don del liderazgo, gobernaba firmemente una nación, pero descuidaba la crianza de sus hijos. Este hombre es David. La historia de su familia está manchada de pasión patológica, odio, violación, asesinato, conspiración, guerras y mucha sangre derramada.

Todo este complot diabólico comenzó de una manera sutil, con un consejo inmoral que dio Jonadab, un amigo de Amnón, hijo de David (2Samuel 13:1-22). Este consejero de la perdición vivía en el palacio, en la casa del rey, y tenía paso libre entre los hijos de David. Era una víbora en el nido de los hijos del rey. No pasó mucho tiempo antes de que inoculara su veneno mortal en Amnón. Amnón se enamoró de su hermana Tamar. Jonadab, al ver el abatimiento de Amnón, le preguntó la causa del problema. Éste le narró su pasión por la hermana. Este consejero malvado rápidamente le abrió una puerta. Le ordenó que se enfermara y, al recibir la visita de su padre, David, solicitó la visita de Tamar, preparándole una sabrosa comida. Jonadab dijo más: "Cuando Tamar entre al salón con el apetitoso menú, despídete de las otras visitas de la casa, y luego, agarra a tu hermana por la fuerza y poseéla".

Así lo hizo Amnón: violó a su hermana, la humilló y luego sintió por su profunda aversión y la retiró de su casa y de su vida. Este hecho generó odio en el corazón de Absalón, el hermano de Tamar. Más tarde, Absalón mata a Amnón. David persigue a su hijo Absalón, que se refugia en asilo político y, después de dos años, Absalón regresa, pero tiene prohibido ver la cara del rey. Más tarde, David lo recibe, pero no habla con él. Sale de allí decepcionado con su padre y comienza una conspiración, robando el corazón de la gente. Más tarde, Absalón se enfrenta a su padre para tomar el trono por él. Convive con las cubinas del padre a plena luz del día. David, ya viejo, debe huir de Jerusalén a pie, en el medio de la noche, para salvar su vida amenazada por su propio hijo. En esta persecución, Absalón muere. David llora penosamente por la muerte de su hijo conspirador. Más tarde, su hijo Adonias codicia el trono, pero David se lo da a Salomón, su hermano. Salomón se hace cargo del gobierno y mata a Adonias. En realidad. Esta es una historia trágica y dolorosa, bañada en muchas lágrimas, marcada por mucha sangre. La causa de la desgracia es que David construyó el nido de sus hijos cerca de los depredadores. Esta es una advertencia solemne para nosotros.

2. El águila ronda a las crías

Como el águila que despierta a sus crías, revolotea sobre sus crías y, extendiende sus alas, las levanta y las lleva encima (Deuteronomio 32:11). Cuando los polluelos del águila ya son grandes, al salir del nido, el águila entonces comienza a volar sobre el nido, mostrándoles dos cosas:

1) Es hora de salir del nido. El águila no juega un papel sobreprotector en relación con las crías. Ella no mantiene a sus crías bajo sus alas para siempre. No crea una dependencia excesiva en sus crías. Llega un momento en que los polluelos necesitan tener sus propias experiencias y dejar el nido para ejercitarse y ganar madurez. Nuestra actitud como padres no debería ser diferente. La actitud de sobreprotección de algunos padres es muy grave para sus hijos, como si fueran niños eternos e indefensos, desprevenidos e inmaduros. Estos padres muestran a sus hijos un amor enfermizo, posesivo, controlador, manteniéndolos siempre en el nido, bajo sus alas. Los padres deben criar a sus hijos preparándolos para la vida, y no haciéndolos dependientes eternos, ya que estos niños se volverán inseguros e incapaces de asumir responsabilidades en la vida.

2) Enséñales a las crías a volar. El águila no sólo les dice a las crías que es hora de salir del nido, sino que les muestra cómo deben salir. Ella sigue volando en círculo sobre el nido, mostrándoles cómo volar. Ella, con este gesto, es un ejemplo para sus crías.

También necesitamos aprender del águila. Muchos padres enseñan a sus hijos, incluso les dicen cosas bonitas, pero no les dan el ejemplo. Enseñan una cosa y hacen otra. Enseñan a sus hijos a ir a la iglesia, pero no van. Enseñan a sus hijos a decir la verdad, pero sus hijos los sorprenden mintiendo. Enseñan a sus hijos a ser honestos, pero viven atrapados en las cuerdas del engaño. Los padres deben comprender que no hay verdadera enseñanza sin un ejemplo. El mundo necesita padres que estén dispuestos a ser modelos positivos, porque siempre lo seremos. Siempre dejaremos huellas de nuestras vidas en los niños. Sus ojos están fijos en nosotros. Nos miran. ¿Qué ven en nosotros?

3. El águila elimina la suavidad del nido y deja sólo las espinas

Cuando el águila se da cuenta de que es hora de que sus crías vuelen y sin embargo permanecen acomodadas en el nido, a pesar de su ejemplo, decide quitar toda la cubierta blanda del nido y deja solo las espinas y ramitas puntiagudas. Crea incomodidad para las crías. Ella no deja de amarlos por eso, pero prefiere verlos incómodos antes que estar acomodados en el nido. La comodidad del nido ahora significa estancamiento, inmadurez, inoperabilidad y retraso en el crecimiento. El águila no duda en enseñar esta lección a sus crías, aunque es dolorosa. Simplemente no admite ver su prole acostada en una espléndida cuna, cuando el mundo exterior los espera para una acción dinámica.

Muchos padres protegen a sus hijos con tanto cariño que no los preparan para afrontar la vida. Piensan que sus hijos no deben trabajar ni asumir responsabilidades porque todavía son muy pequeños. Le dan todo a los niños sin objeciones. Muchos padres miman a sus hijos con esta actitud, en nombre del amor. La Biblia habla de grandes hombres como Isaac, Elí, Samuel, Josafat, que fracasaron dolorosamente en criar a sus hijos, porque no tenían mano firme para disciplinarlos o prepararlos para enfrentar las luchas de la vida; antes, los cubrían con un manto superprotector y los mantenían calientes en el nido, cuando deberían haber quitado la suave cubierta y dejar que las espinas gritaran les dijera a sus hijos que era hora de salir del comodismo.

Veo en esta lección una aplicación muy seria también para la iglesia. De hecho, si hay un pueblo al que le gusta permanecer en el nido, ese es el pueblo cristiano. Realmente el nido es delicioso, cálido, seguro. Estamos todos juntos y acurrucados. ¡Es maravilloso! ¡Pero llega un momento en que hay que salir!

Mira la iglesia hoy: el 90% de sus actividades son dentro del nido. El metro cuadrado más evangelizado del mundo son los templos evangélicos. Tenemos fobia a salir de las cuatro paredes. Casi todas nuestras dinámicas son intramuros. Muchos creyentes han ido al templo más de mil veces, pero nunca cruzaron la calle para contarle a su vecino acerca de Jesús. Muchos de nosotros desgastamos el asiento del banco de la iglesia, mientras que los testigos de Jehová, una secta herética, desgastan las suelas de sus zapatos. El noventa y cinco por ciento de los creyentes no saben lo que es traer un alma a Jesús. Son feligreses. Son amantes del nido.

Me gusta ver la dinámica del ministerio de Jesús y de los apóstoles. No se dejaron encerrar entre cuatro paredes. Pasaron más tiempo en la calle, donde estaba la gente, que en el templo o la sinagoga. Si queremos ver a las multitudes convirtiéndose a Jesús, tenemos que dejar el nido y salir, donde están los pecadores, y llevarlos allí a los pies del Salvador.

4. El águila saca las crías del nido

Es asombroso ver que, incluso afligidos por espinas y pinchados por púas afiladas, las crías del águila todavía insisten en quedarse en el nido. Esa misma realidad se ve en la iglesia hoy. Muchas veces, cuando Dios ve el consuelo de la iglesia, envía persecución sobre ella, le quita todo consuelo, la deja sobre una alfombra cubierta de espinas, para que salga de su comodismo. Así lo hizo Dios en Jerusalén. El avivamiento estaba en plena vigencia, las multitudes se estaban convirtiendo. Pero la iglesia estaba restringida a Jerusalén. El plan de Dios era que la iglesia cruzara esa frontera y fuera hasta el final de la Tierra. La iglesia tardó en cumplir el plano dado por Jesús en Hechos 1:8. Entonces Dios envió la persecución, y cuando la iglesia sintió que las espinas la herían, salió del nido y el evangelio se extendió por todo el mundo. Esta lección se ha repetido varias veces a lo largo de los siglos.

Sin embargo, también es triste darse cuenta de que muchas iglesias crean resistencia, incluso a las espinas. Aunque estén cubiertos de púas, no abandonan el nido. Quedan como anestesiados, conspiran contra todos los recursos de enseñanza de Dios.

Volvamos a la lección del águila.

¿Qué le hace el águila la cría que se resiste a sus métodos más suaves? Simplemente lo toma con sus garras, lo levanta en el aire y lo suelta sin paracaídas desde las alturas. El polluelo novato y neófito aún no sabe aletear como es debido y, por ello, cae indefenso con la sensación de que se va a derrumbar en el suelo. Cuando el polluelo asustado llega al final de sus esperanzas, el águila se lanza en picado, extiende sus alas debajo del polluelo y lo lleva de regreso a las alturas. Y de nuevo lo suelta al espacio abierto. De nuevo, cae batiendo sus alas, incapaz de enderezarse. El águila extiende sus alas y lo toma con seguridad; lo lleva de vuelta a las alturas y lo lanza de nuevo al vacío. Esto lo repite dos, tres, cinco, diez veces, hasta que el polluelo aprenda a volar solo. Este gesto nos enseña algunas lecciones prácticas:

1) *No podemos renunciar a nuestros hijos.* Muchos padres ya están cansados y desanimados con sus hijos. Ya han utilizado muchos recursos, han utilizado muchos métodos para que sus hijos caminen con firmeza y responsabilidad, pero han visto, con tristeza, todos sus esfuerzos fracasar. Por favor, no te rindas con tus hijos. No los dejes. No renuncies a tu derecho a verlos como personas maduras. No te rindas. No huyas de la pelea. Estás casi llegando a la victoria. No criaste hijos para el cautiverio. Tus hijos son la herencia de Dios. Son hijos

de la promesa. Están incluidos en el pacto que Dios hizo contigo. No dejes de verlos caminar con Dios en una vida nueva. Ten un poco más de paciencia. Camina con ellos la segunda milla. Repita la misma lección tantas veces como sea necesario. Dios te recompensará por tu paciencia y perseverancia.

2) *No podemos ser amargados con nuestros hijos.* Quizás las espinas que pusiste en el nido de tus hijos no las hayan herido a ellos, sino a tu corazón. Estás herido, roto y lastimado. Tus fuerzas se han agotado. Tus recursos se han agotado. Solo quedan la decepción y la amargura. Ten cuidado, no te amargues con tus hijos. No provoques su ira. Continúa insistiendo. Aún hay esperanza. La promesa de Dios no falla. La Palabra de Dios es fiel y verdadera. No los trates con amargura. No pierdas el control. El amor todo vence.

3) *No podemos retener el perdón a nuestros hijos.* Hay padres que han sufrido tanto con sus hijos que son derrotados por el resentimiento. Hay padres que ya han renunciado a querer a sus hijos y a buscarlos con los brazos abiertos de la reconciliación y con el beso del perdón. Debemos ver la parábola del hijo pródigo e imitar el ejemplo de ese padre que perdona y devuelve a su hijo la dignidad que tenía antes. El perdón es inmerecido, es fruto de la gracia. Por tanto, el padre

no humilló a su hijo. No lo exponía al ridículo. No lo aplastó con fuertes acusaciones. Pero lo vistió con ropa limpia, le puso sandalias en los pies, un anillo de dignidad en su dedo y celebró una fiesta. Abre también tu corazón para perdonar. Saca tu alma de la amargura. Sal, en el nombre de Jesús, de ese silencio que te asfixia y destruye a tu hijo. Absalón, cuando estaba en Jerusalén sin poder ver el rostro de su padre, dijo: "Preferiría que mi padre me matara antes que dejar de hablarme. Ya no soporto el silencio de mi padre ". Peor que el alboroto es el frío silencio. En el nombre de Jesús, perdona a tus hijos, escúchales. Ámalos.

En 1989, en Río de Janeiro, sucedió un hecho doloroso: un niño de 11 años, llamado Netinho, se despertaba todos los días a las 5 de la mañana para ir a estudiar a un colegio militar y regresaba a su casa a las 6 de la tarde. A pesar de que era muy joven, tenía un horario estricto bajo normas muy rigurosas. Sus padres fueron muy severos con él. Un día este joven, durante una prueba, fue visto copiándose por uno de los profesores. Lo suspendieron de inmediato, publicaron el hecho en la escuela y lo enviaron a casa. Cuando llegó a casa, sus padres lo disciplinaron con rigor redoblado. En vano el joven trató de hablar y explicar lo sucedido a sus padres. Le dijeron: "No digas nada. Estamos avergonzados de ti ". Ese niño, triste, desolado, sin comprensión, sin cariño, sin perdón, en un acto de desesperación, tomó la pistola de su padre y se pegó un tiro en la cabeza, y le dejó una carta a sus padres: "Queridos padres, perdonen mi actitud. Intenté en vano hablar con ustedes. Perdónenme por exponerlos a la vergüenza pública. Me estoy quitando la vida porque no fui perdonado por ustedes, por un pecado que no llegué cometer" Este hecho sacudió la sensibilidad dormida de la nación y elevó una voz fuerte al corazón de los padres, mostrando que el perdón es una condición indispensable para que una persona levante la cabeza y se mantenga viva en plenitud.

4) *Necesitamos discipular nuestros hijos.* El águila no enseña teóricamente a sus crías. Ella invierte tiempo y trabajo en sus hijos. Ella los entrena. Ella los disciplina.

Hoy la sociedad carece de padres discipuladores. Necesitamos tomar a nuestros hijos de la mano y caminar con ellos por los caminos de la justicia. No es suficiente que los padres señalen el camino y digan: "Ese es el camino correcto; Síguelo". La Biblia dice: "Instruye al niño en su carrera: Aun cuando fuere viejo no se apartará de ella". (Proverbios 22:6). El texto no dice que enseñes el camino por el que *quiere* caminar, sino el camino por el que *debe* caminar. Enseñar el camino es señalar en una dirección y decir: "Ve por ahí". Enseñar *en* el camino es decir: "Ven conmigo. Vamos juntos". Mientras caminamos uno al lado del otro, enseño con mi ejemplo. Esto es hacer discípulos.

Hoy la sociedad carece de padres discipuladores. Nuestra generación está muy ocupada con muchas cosas. Vivimos en una sociedad mercantilista, materialista, consumista y competitiva. Mucha gente corre de la mañana a la noche, abrumada por muchas tareas. Luchan de sol a sol para ganar dinero y darle un poco más de comodidad a su familia. Sin embargo, muchos en esta lucha terminan invirtiendo los valores. Comienzan a crear gusto y amor por el dinero hasta el punto de, por amor al mismo, sacrifican a la familia. La Biblia dice que los hijos son una herencia del Señor. Muchos hoy están invirtiendo casi todo el tiempo en dinero y muy poco tiempo en la crianza de los hijos. Para compensar la ausencia en la vida de sus hijos, los padres los llenan de regalos. Les dan todo el consuelo, pero evaden su atención. Y estos niños se convierten en personas superficiales, sin preparación para la vida, sin apego a la familia, presa fácil de los depredadores.

Una vez vi una frase en la parte trasera de un camión: "Adopte a su hijo antes de que un traficante lo haga". Es hora de recuperar los viejos valores, cuando los padres tenían tiempo para hablar con sus hijos, cuando la familia se reunía no en una pasividad letárgica frente al televisor, sino en torno a la Palabra de Dios, en el altar de la comunión, la devoción y oración. Que Dios nos bendiga para ver en estos días a padres dispuestos a pagar el precio de ser como Job, el sacerdote del hogar. Que Dios nos dé la alegría de ver madres con la fibra de Jocabed, que inculcó en la mente de su hijo Moisés los grandes tesoros de la Palabra de Dios, que le sirvieron de guía a lo largo de su camino. Que Dios nos conceda la bendición de ver a madres como Loida y Eunice, que enseñan a sus hijos las escrituras sagradas desde pequeños y los llevan a los pies del Salvador.

Esta lección del águila también tiene una aplicación a la vida de la iglesia. El discipulado es una necesidad vital para el crecimiento y la maduración de los creyentes. Debemos estar comprometidos el uno con el otro. Debemos invertir en la vida de los demás. Debemos hacer discípulos, como Jesús. Este es el estándar funcional de la iglesia de Dios: "Y lo que has oído de mí entre muchos testigos, esto encarga a los hombres fieles que serán idóneos para enseñar también a otros" (2Timoteo 2:2). Es raro que la gente venga a la iglesia y se vuelva estancada, ineficaz e infructuosa toda su vida. El propósito de Dios es que estas personas sean discipuladas para que luego puedan discipular a los demás y así sucesivamente. En la iglesia de Dios esta debe ser la dinámica, porque crecer es el método de Dios.

Conclusión

Hemos llegado juntos al final de este viaje de lectura. La expectativa de mi corazón es que ya no seas el mismo. De hecho, estoy seguro de eso. Después de esta lectura, estarás mejor o peor. Indiferente no puedes estar. Es imposible. Siempre que escuchamos la voz de Dios, mejoramos o empeoramos. La Palabra de Dios es un arma de doble filo. Da vida a los que obedecen y condena a muerte a los desobedientes. Somos juzgados por la Palabra. Cuanta más oportunidad tengamos, más culpables seremos si no escuchamos la voz de Dios.

Mi oración es que este mensaje arda en tu corazón, encienda tu alma y eleve tus ojos a las alturas, mirando bien el ejemplo del águila. Es posible que hasta el día de hoy hayas vivido en las sombras, escondiéndote en el anonimato como Saúl detrás del equipaje de tus complejos (1Samuel 10:22). Quizás hoy aun huyas como Caín, con la conciencia pesada por a tus errores pasados (Génesis 4:14). Quizás hayas tomado barcos a Tarsis, como Jonás, en la dirección radicalmente opuesta a la voluntad de Dios para tu vida (Juan 1:3). Quizás hayas aprisionado tu alma en la trampa de la brujería, como el rey Manasés, y ahora estás oprimido y enjaulado por tus propios pecados (2Crónicas 33:1-17). Quién sabe, tal vez hayas caído en la red de una relación sexual ilícita, como David, y ahora tu corazón está lleno de miedo por las dolorosas consecuencias (2Samuel 11:1-25). Tal vez te involucraste con gente malvada y ahora no sabes cómo salir de esa trama diabólica, como Sansón. Quién sabe, quizás por codicia o incluso dificultades, te involucraste en negocios ilegales y ahora estás afligido y sin paz, como Judas Iscariote. Quizás hayas negado a Jesús con tu vida, como hizo Pedro en la casa del sumo sacerdote (Lucas 22:54-62). Quizás le hayas mentido al Espíritu Santo, como Ananías, cuando trae su propia ofrenda al altar (Hechos 5:1-11). Quizás hayas sido como Diótrefes: estás en la iglesia siempre en una posición de liderazgo, pero no por amor a Jesús y sus ovejas, sino para dar rienda suelta a tu propio orgullo (3Juan 9-12). Quién sabe, has sido como el hijo pródigo, mordiendo la mano que te da de comer, insatisfecho con tu casa, con tus padres, listo para salir de casa y gastar tu herencia y

Conclusión

tu vida en la disolución del pecado (Lucas 15:11-24). Quizás has sido como el joven rico, perdido dentro de la iglesia (Lucas 18:18-23). Quizás hayas sido como Demas, quien, debido a las atracciones del mundo, dejó la iglesia; puso su mano sobre el arado, pero miró hacia atrás y hoy se siente como sal insípida, pisoteada por hombres (2Timóteo 4:10). Ah, y aunque esa es tu condición, todavía hay esperanza para ti. Dirígete hacia arriba como el águila.

Como embajador de Dios, como ministro de la reconciliación, oro en el nombre de Jesús para que no dejes escapar esta oportunidad. Une mi voz a la voz de los profetas y apóstoles, con el grito de la Iglesia y con todas las trompetas de Dios que ya han resonado en tu corazón, para que rechaces de tu vida todo lo que entristece al Espíritu Santo. Dios tiene una vida abundante, capital y eterna para ti. No te conformes con migajas; hay un abundante banquete esperándote. No vivas como esclavo; eres el hijo del Rey; no te acobardes, vencedor, eres más que un ganador. No te rindas a las amenazas del diablo; ya estás sentado con Cristo en las regiones celestiales, sobre todo principado y toda potestad. No te conformes con el caos, no pongas los pies en la soga. Sal de la cueva, sal de la mediocridad, quítate los harapos, vuelve a la casa del

Volando en las alturas

Padre, toma posesión de todo lo que te pertenece por herencia. Eres miembro de la familia real. Fuiste creado para vivir en lo alto. Eres como el águila. Entonces vive como un ganador, volando alto. Amén.

Su opinión es importante para nosotros. Por favor, envie sus comentarios al correo-e
editorial@hagnos.com.br

Visite nuestra página web:
www.mundohagnos.com

Esta obra fue compuesta en la fuente Adobe Garamond Pro cuerpo 10,5, Gill Sans, cuerpo 16/17; impresa en la Imprensa da Fé.
São Paulo, Brasil,
otoño de 2021